ANETTE PREHN

HIRNZELLEN LIEBEN BLINDE KUH

ANETTE PREHN

HIRNZELLEN LIEBEN BLINDE KUH

Was die Hirnforschung
über starke Kinder weiß

Aus dem Dänischen von Kerstin Schöps

BELTZ

MIX
Papier aus verantwortungsvollen Quellen
FSC® C089473

Dieses Buch ist erhältlich als:
ISBN 978-3-407-86485-7 Print
ISBN 978-3-407-86486-4 E-Book (EPUB)

4. Auflage 2025

in der Verlagsgruppe Beltz · Weinheim Basel
Werderstraße 10, 69469 Weinheim
service@beltz.de

Titel und Verlag der dänischen Originalausgabe:
Hjernesmarte børn. Styrk dit barns hjerne for livet (og bliv selv klogere)
People'sPress, København

Umschlaggestaltung: www.sandraklostermeyer.de (Gestaltung), www.stephanengelke.de (Beratung)
Umschlagabbildung: ©Maghan Boyer/stocksy.com
Illustrationen Innenteil: Jo Blakeley, www.pickledjo.dunked.com
Lektorat: Judith Roth/Petra Dorn
Satz, Layout, Herstellung: Antje Birkholz
Druck und Bindung: Beltz Grafische Betriebe, Bad Langensalza
Beltz Grafische Betriebe ist ein Unternehmen mit finanziellem Klimabeitrag (ID 15985-2104-1001)
Printed in Germany

Weitere Informationen zu unseren Autoren und Titeln finden Sie unter: www.beltz.de

INHALT

VORWORT

VON DANIELLE GRAF UND KATJA SEIDE

»Eine unserer Töchter, sie ist sieben Jahre alt, hat die seltsame Angewohnheit, sich sofort ihrer Socken zu entledigen, wenn sie nach Hause kommt. Egal, ob Sommer oder Winter ist, sie rennt bei uns mit nackten Füßen herum. Allerdings achtet sie nicht darauf, ihre Strümpfe nach dem Ausziehen in den Wäschekorb zu legen. Ganz im Gegenteil – sie scheint es unbewusst irgendwie darauf abgesehen zu haben, besonders kreative Orte zum Ablegen zu finden. Auf dem Teppich im Kinderzimmer, unterm Küchentisch, im Garten und in der Sofaritze sind da noch die nachvollziehbaren Varianten, aber ich habe auch schon Socken aus dem Meerschweinchenkäfig gefischt, in der Abstellkammer beim Wischmop gefunden oder nach langer Suche wegen undefinierbarem Käsegeruch hinter dem Monitor auf meinem Schreibtisch. Einmal, offenbar nach einem lustigen Spiel, musste ich die Leiter holen und eine blaue Socke vom Kronleuchter bergen. Ich habe ihr gefühlt tausend Mal gesagt, dass sie die Socken nicht überall rumliegen lassen soll. Mein Kind trieb mich damit wirklich fast in den Wahnsinn!«

Wir beide, Katja und Danielle, Mütter von insgesamt fünf Kindern, Freundinnen, Autorinnen des Elternblogs »Das gewünschteste Wunschkind aller Zeiten treibt mich in den Wahnsinn« und Koautorinnen des gleichnamigen Elternratgebers zum Trotzalter, sprachen oft über solche Situationen und die Hilflosigkeit, mit der sie uns immer wieder zurückließen. Doch dann hatten wir das Glück, dass uns zum richtigen Zeitpunkt dieses Buch von Anette Prehn in die Hände fiel: Es half uns zu verstehen, wie das kindliche Gehirn funktioniert. Wenn wir Eltern uns dieses Wissen zunutze machen, können wir hirnschlau, also »brainsmart«, agieren und uns den Alltag mit Kindern deutlich erleichtern.

Die Taschenlampe, der Radiergummi im Hirn, um nur zwei der zahlreichen originellen Bilder und Vergleiche zu nennen, mit denen Anette Prehn uns Prozesse im Gehirn erklärt, sorgen dafür, dass ihre Botschaft in unseren Köpfen hängenbleibt – mehr als der Ärger über die Socke von Katjas Tochter auf dem Kronleuchter. Mit diesem neuen Wissen konnte Katja die Situation nachhaltig ändern. Ihre Bitten formulierte sie nun positiv: »Bitte räume die Socken weg.« Und siehe da: Der breite neuronale Trampelpfad »Socken rumliegen lassen« wucherte langsam wieder zu und die neue Verknüpfung »Socken in den Wäschekorb« wurde durch die regelmäßige Beleuchtung verstärkt.

Anette Prehn beschreibt in ihrem Buch viele verschiedene Strategien für Eltern und Kinder, »brainsmart« zu handeln, und gibt damit wertvolle Impulse, um schwierige Situationen erfolgreich zu meistern, Emotionen besser zu regulieren und das Wertebewusstsein der Kinder zu festigen. Sie zeigt, dass das Gehirn plastisch ist und sich ständig verändert. Wenn wir verstehen, was gerade in unseren Kindern vorgeht, fällt es uns leichter, gelassen zu bleiben und Herausforderungen zu meistern. Vor allem das im Buch ausführlich erklärte Reframing, mit dem man gezielt das

Wissen über die Hirnfunktionen nutzen kann, um Emotionen zu sortieren und zu verarbeiten, ist eine Methode, die uns beide voll und ganz überzeugt hat. Dabei betrachtet man Situationen ganzheitlich und sucht gezielt Aspekte, die man auch positiv sehen kann. Währenddessen kann man sich emotional erholen, weil der Prozess dämpfend auf unser emotionales Zentrum – die Amygdala – wirkt. Kinder erleben immer wieder Situationen, in denen ihre Amygdala in Alarmbereitschaft versetzt wird. Im Buch lernen wir die sieben wichtigsten Trigger kennen und erfahren, wie wir viele Konflikte mit diesem Wissen schon im Vorfeld entschärfen können.

Schon vor sechs Jahren, als unsere ersten Kinder gerade ihre ersten wackeligen Schritte in die Kleinkindzeit machten, wünschten wir uns dringend ein Buch wie *Hirnzellen lieben Blinde Kuh*. Weil wir verstehen wollten, was in ihren kleinen Köpfchen vor sich ging, wenn wir sie zum Beispiel ausdrücklich darum baten, nicht den Mülleimer auszuräumen, und sie es im Anschluss trotzdem taten. Leider gab es das damals noch nicht. Wir mussten Unmengen von dröger Fachliteratur wälzen, um an Informationen zu gelangen. Manche Bücher konnte man nur mit einem medizinischen Wörterbuch auf dem Schoß entschlüsseln. Trotzdem vermittelten sie nur unzureichend, was das, was sie beschrieben, nun mit unseren Krabbelkindern zu tun hatte.

Anette Prehn dagegen erklärt wissenschaftliche Sachverhalte mit leicht verständlichen, eindrücklichen Bildern, die sich darauf konzentrieren, was Eltern wissen müssen, um ihre Kinder wirklich zu verstehen. Sie nimmt uns mit auf eine Reise durch das Gehirn, illustriert mit witzigen Beispielen und Analogien dessen Funktionsweise – und sorgt dafür, dass wir durch das Verständnis neurobiologischer Phänomene von der Kleinkindzeit bis zum Teenageralter gewappnet sind für das, was uns das Elternleben manchmal so schwer macht. Und hoffentlich auch für das, was noch auf uns zukommt! Die Socke ihrer Tochter wird sicherlich nicht die letzte sein, die in luftigen Höhen von Katjas Wohnung landet. Aber Anette Prehn unterstützt und entlastet uns, weil wir nun verstehen, warum wir manchmal vor Wut rot sehen, warum wir unwissentlich immer wieder die negativen Verhaltensweisen unserer Kinder verstärken oder wie wir es schaffen können, dass sie sich auf eine bevorstehende Veränderung, z. B. einen Umzug, sogar freuen, statt ihn nur nörgelnd über sich ergehen zu lassen. Ohne erhobenen Zeigefinger gibt sie uns Werkzeuge an die Hand, um Veränderbares aktiv anzugehen oder Unveränderbares anzunehmen. Es ist ein wichtiges, wegweisendes Buch, das Eltern mit wertvollem Hintergrundwissen und vielen praktischen Tipps wirklich weiter hilft.

EINLEITUNG

Brainsmarte Kinder brauchen brainsmarte Erwachsene in ihrer Umgebung. Wenn Kinder von Erwachsenen umgeben sind, die sich mit der Logik und den Spielregeln unseres Gehirns auskennen, stärkt das ihre Fähigkeit, Neues zu erlernen, mit Veränderungen umzugehen, ihre Gefühle zu regulieren und das Leben zu meistern.

Erwachsene, die »brainsmart«, also »hirngerecht« agieren, packen ihre Kinder weder in Watte noch werden sie zu Curlingeltern. Stattdessen unterstützen sie die Kinder darin, sich passende Herausforderungen zu suchen und gestärkt daraus hervorzugehen. Brainsmarte Erwachsene stärken die *Resilienz* der Kinder – die Fähigkeit, Dinge emotional »zu verkraften«. Wer diese Resilienz hat, ist wie ein Stehaufmännchen, das man zwar antippen und aus dem Gleichgewicht bringen kann, das aber immer wieder zu seiner Mitte zurückschwingt und seine Balance wiederfindet. Man ist wie der Halm, der sich im Wind biegt, ohne dabei zu brechen. Man hat eine innere Widerstandskraft. Ist robust.

Wenn Kinder und Jugendliche von Erwachsenen umgeben sind, die sich *nicht* mit den Spielregeln des Gehirns auskennen, geraten sie viel leichter in alltägliche Stolperfallen, die sich als Eskalation von Aggression und Wut, Auflehnung, Traurigkeit oder Ohnmacht äußern. Das ist für alle Beteiligten schlimm – und vor allem häufig vollkommen unnötig. Meistens sind das Verhalten und die Qualität der Kommunikation der Erwachsenen verantwortlich, wenn es zu schwierigen Alltagssituationen kommt. Kinder entwickeln sich entsprechend der Anreize und Stimulation, die sie erfahren.

Die meisten von uns sind wahrscheinlich der Ansicht, dass wir im Umgang mit Kindern und Jugendlichen ziemlich kreativ sind – wenn wir Überschuss haben. Den Überblick behalten. Ausgeruht sind. Und fröhlich. Aber was passiert, wenn wir das alles nicht sind? Dieses Buch hat zum Ziel, ein brainsmartes Repertoire anzubieten, aus dem wir in jeder Situation schöpfen können.

Wir leben in einer Kultur, die viele Jahre die Bedeutung von klaren Werten und Grenzen in der Kindererziehung verkannt hat. Viele zögern sogar, den Ausdruck »Erziehung« zu benutzen. Das Pendel hat sich von »autoritären Eltern« zu »anti-autoritären Eltern« bewegt. Mittlerweile breitete sich allerdings diese eine Erkenntnis aus: Wenn nicht die Eltern ihre Kinder erziehen – wer tut es dann? Wenn nicht die Eltern die Aufgabe haben, die Fähigkeit ihrer Kinder zu entwickeln und zu stärken, sich in bestimmten Situationen angemessen zu verhalten – wer hat sie dann?

Dieses Buch möchte Inspiration bieten, wie wir Kindern Grenzen aufzeigen und sie dadurch gleichzeitig mit einem gesunden Blick auf die Welt und mit Vertrauen ins Leben ausstatten können. Dadurch könnt ihr, liebe Mutter und lieber Vater, mit einer natürlichen, werteorientierten Autorität auftreten und euren Kindern gleichzeitig auf respektvoller Augenhöhe begegnen. Dann werdet ihr auch viel Spaß zusammen haben. Das Buch liefert Ideen, wie wir mit Humor und Leichtigkeit in Situationen kommunizieren können, die von Kindern schnell als schwierig und festgefahren empfunden werden. Das können wir ihnen vorleben und ihnen damit zeigen, dass wir resilient sind: Ein Erwachsener, der neue Kraft geschöpft hat, weil er etwas »verkraftet« hat.

Die Wissenschaft sollte in der Lage sein, Dinge so zu erklären, dass alle sie verstehen können. Darauf hat schon Albert Einstein hingewiesen. Meiner Meinung nach haben wir etwas erst dann wirklich verstanden, wenn wir es in einfachen Worten erklären können. Die Erkenntnisse der Hirnforschung sollten für alle zugänglich und nutzbar sein – und zwar im Alltag. Auf meinen Reisen durch Dänemark – zu Vorträgen, Workshops und zu Forschungszwecken – hatte ich so einige Aha-Erlebnisse, wenn Erzieher, Lehrer und Eltern mir sagten: »Das wusste ich gar nicht!« oder »Ich habe davon schon mal *gehört*, aber ich habe das noch nie angewendet!« Wir hören alle immer wieder interessante und unterhaltsame Neuigkeiten aus der Welt der Wissenschaften. Theorien. Abstraktionen. Schöne Worte. Aber sie werden erst dann zu einer wirklichen Bereicherung unseres Alltags, wenn wir sie mit unserem Leben in Verbindung bringen können, wenn wir ausprobieren und erfahren dürfen, wie sie in die Praxis umgesetzt werden. Der ganz große Durchbruch erfolgt, wenn wir merken, dass dieses Neue einen echten Unterschied macht, etwas bewirkt, und wir dann den Mut haben, es immer und immer wieder auszuprobieren.

Brainsmartes Verhalten hilft der Hirnentwicklung deines Kindes – und deiner eigenen auch.

Ich möchte dazu einladen, diese Techniken zu erlernen, und zwar anhand vieler Beispiele aus dem Alltag, nutzbarem Wissen aus der Hirnforschung und der Sozialpsychologie sowie praktischem Handwerkszeug und lustigen Übungen. Mit diesem Wissen können wir uns dann auf kindliche Augenhöhe begeben. Der

Schlüssel dazu sind die Spielregeln des Gehirns. Ein paar kleine Richtungsänderungen, ein paar neue Wege ausprobiert und dann wird das Gehirn angeregt, mitzuspielen – dein Gehirn und das anderer. Ich bitte darum, den Inhalt dieses Buches zu inhalieren und zu verinnerlichen, bevor du dein Kind einlädst, diese neuen Werkzeuge und die neue Sprache kennenzulernen.

Als Mutter von zwei Kindern, Bonusmutter von zwei weiteren und als Ehefrau von einem Großen habe ich genauso mit Alltagsproblemen, Hektik und automatisierten Reaktionsmustern zu kämpfen wie du. Wenn das Buch auf Deutsch erscheint, sind meine Kinder und Bonuskinder 20, 19, 10 und 7 Jahre alt: Cecilie, Magnus, Celina und Alicia. Mein Mann Jens ist 52 Jahre alt und ich 42. Ich kann nicht zaubern, nur weil ich die Spielregeln des Gehirns kennengelernt habe, nichts dergleichen! Aber ich habe immer wieder gesehen, dass Kinder und Jugendliche ihren Alltag gestärkter bewältigen können, wenn sie Erwachsene erleben, die sich an die Logik des Gehirns halten.

Die Beispiele in diesem Buch wollen Gedanken in Bewegung versetzen und Brücken entstehen lassen: Verbindungen zu wichtigen und bedeutungsvollen Beispielen aus deinem Leben, die dich mit neuen Assoziationen und Bildern bereichern. Nimm das, was du gut gebrauchen kannst – lass das wieder gehen, was dich nicht weiterbringt. So werden die Erkenntnisse aus der Hirnforschung langsam ihren Weg in dein Verhalten und in deine Kommunikation mit deinem Kind finden.

Dass ich eines Tages ein Buch über brainsmarte Kinder schreiben würde, hat mir keine Kristallkugel verraten. Ich biete seit 10 Jahren Kurse für Führungskräfte und ihre Mitarbeiter an. Viele meiner Kunden haben mir in den vergangenen Jahren immer wieder gesagt: »Wie schade, dass ich so alt werden musste, bis ich die Spielregeln des Gehirns kennengelernt habe. Hätte ich das schon als Kind oder Jugendlicher gewusst, oder später bei meiner Berufswahl, wäre mir das eine große Hilfe gewesen.« Dieses Feedback fing an, in mir zu arbeiten. »Das wäre doch großartig, wenn ich diese effektiven Werkzeuge auf Kinder, Jugendliche – und deren Eltern – übertragen könnte. Sollte man brainsmarte Verhaltensweisen nicht gleich am Anfang seines Lebens erlernen, statt sie sich später mühsam anzueignen? Warum sollte man erst »hirnschlau« werden, wenn man mitten im Arbeitsleben steckt?« Diese Fragen trieben mich jahrelang um, bis sich die Gelegenheit bot, daraus ein Buch zu machen.

Vielleicht wundert sich der ein oder andere über den Titel des Buches. Was hat denn das Kinderspiel *Blinde Kuh* mit dem Gehirn zu tun? Neben dem Offensichtlichen – dass die Gehirne unserer Kinder von einer vielseitigen Stimulation aller Sinne profitieren, – steht die *Blinde Kuh* für viele Spiele, die kleine und große Kinder zur Herausbildung von Kreativität, Fantasie und Freude an der Bewegung anregen. Darüber hinaus gibt es einen Aspekt, auf den ich später im Buch in Teil 3 zum Reframing eingehen werde. Wenn wir bewusst eine Situation umdeuten, ist es, als würden wir Blinde Kuh spielen. Wir werden sehen, dass wir Prozesse, die auch in diesem alten Kinderspiel wirksam sind, mental nutzen können.

Das Buch ist eine Einführung in die Spielregeln des Gehirns geworden. Für uns als Eltern. Ab und zu tauchen Begriffe auf, die auf den ersten Blick technisch und unverständlich sein können. Aber: nur Mut! Ich habe mein Möglichstes getan, um sie aus dem Wissenschaftshimmel auf den Boden der Tatsachen zu holen und sie so zu erklären, dass sie verständlich und anwendbar sind. Wer hingegen technische und wissenschaftliche Details spannend findet, für den habe ich eine Literaturliste am Ende des Buches zusammengestellt.

Unsere Welt benötigt mehr Erwachsene, die mit Kindern auf Augenhöhe sprechen. Und damit meine ich auch wirklich, in die Knie zu gehen, wenn man mit einem Kind spricht – um auf Augenhöhe zu sein. Außerdem benötigt unsere Welt mehr Menschen, Kinder und Erwachsene, die sich in andere hineinversetzen und die Dinge in einem größeren Zusammenhang betrachten können. Meine große Hoffnung ist, dass dieses Buch Lust darauf macht.

Nichts in den folgenden Zeilen ist in Stein gemeißelt. Vieles könnte zweifellos verbessert werden. Es ist eher eine Einladung zum Experimentieren und ganz eigene Erfahrungen zu machen.

Für mich ist Feedback ein Geschenk und das nehme ich immer in Dankbarkeit an. Ich freue mich, wenn du mir schreibst (bitte in Englisch!) und von deinem brainsmarten Repertoire, deinen Erfahrungen und deinen Methoden erzählst. Meine E-Mail-Adresse lautet: anette@anetteprehn.com

Ich wünsche viel Spaß beim Lesen und viel Erfolg beim Experimentieren!

Anette Prehn
http://brainsmart.today

PS: Wenn du etwas ausprobierst und es funktioniert nicht, mach etwas anderes!

PPS: Wenn du etwas aus dem Buch ausprobierst und es hat nicht den gewünschten Effekt, mache eine Pause und überlege dir – unter Berücksichtigung der Erfahrungen, die du mit deinem Kind gemacht hast –, was du beim nächsten Mal anders machen kannst. Und dann machst du das!

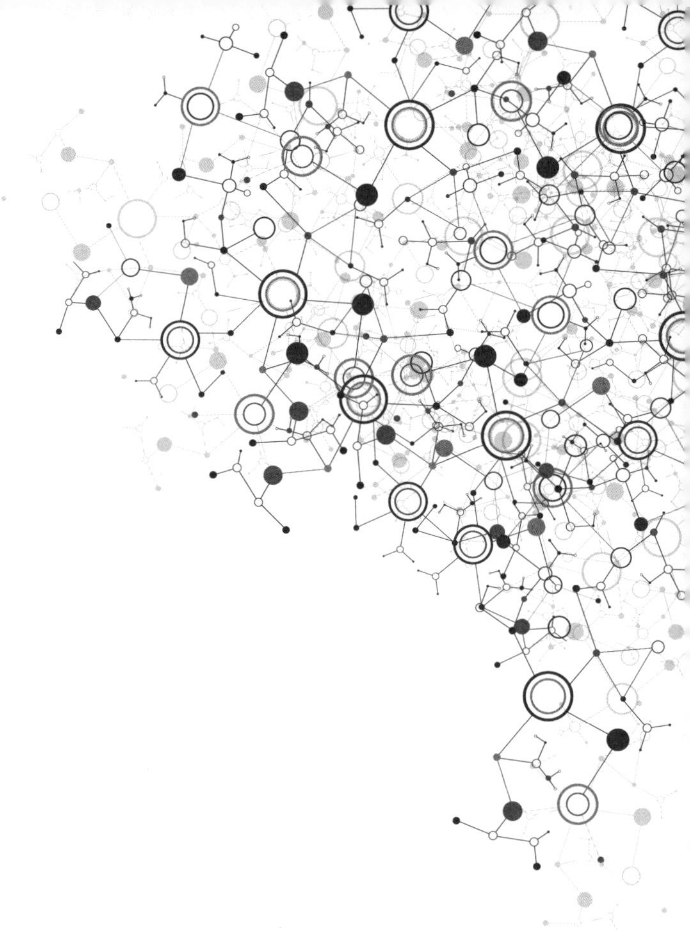

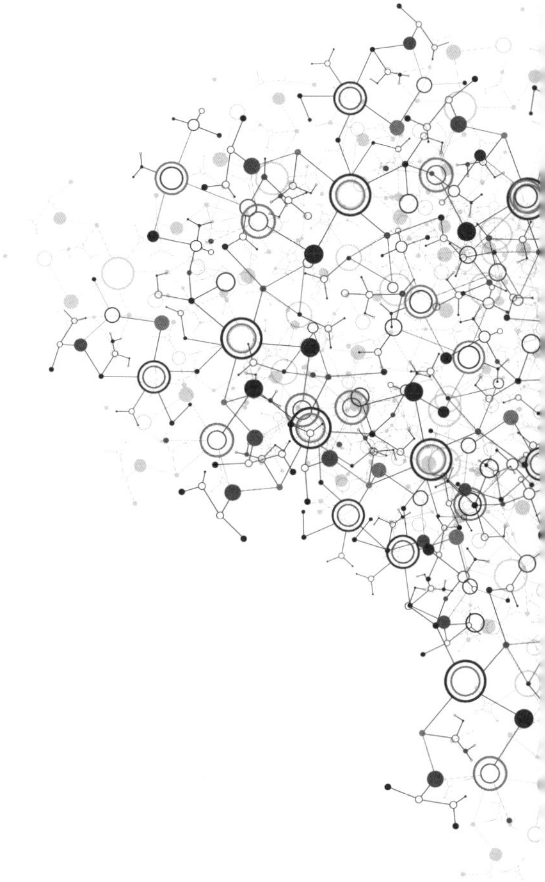

TEIL 1

BRAINSMARTE KOMMUNIKATION

1

SO SIEHT ES AUS IN UNSEREM KOPF

WIE ERWACHSENE MIT KINDERN REDEN

Flughafen Gatwick.
Laufband von einem Gate zum anderen.
Hotdog in der Hand.

Meine älteste Tochter Celina, damals sechseinhalb Jahre alt, mampft ihren Hotdog, während sie in großen Schritten auf dem Laufband läuft. In der linken Hand hält sie den Hotdog, mit der rechten streicht sie an der Glaswand entlang.

»Deine Hand wird doch ganz dreckig, Celina!«, platzt es aus mir heraus. »Fass bloß *nicht* mit der Hand deinen Hotdog an!« Woraufhin sich Celinas rechte Hand, die dreckige, blitzschnell den Hotdog aus der linken schnappt.

Ich bin vollkommen verdutzt. »Okay? Jetzt hast du es erst recht gemacht?«

»Weil du *nicht* gesagt hast, Mama!«, ruft sie aufgebracht. »Das kann das Gehirn nicht verstehen.«

Ich muss lächeln. Wie gut, dass meine Kinder so brainsmart sein können, wenn ich es so gar nicht bin.

WALDWEGE IM GEHIRN

Wir befinden uns mitten in einer neurologischen Revolution. Bahnbrechende Erkenntnisse über unser Gehirn sind praktisch an der Tagesordnung. Neue Technologien ermöglichen Scans von den Vorgängen in unserem Kopf, Einsichten in das, was darin wirklich vor sich geht, während wir unser Leben leben.

Was zum Beispiel passiert im Gehirn eines Kindes, das sich ausgeschlossen fühlt? Was passiert im Gehirn, wenn wir Dinge tun, die wir richtig gut können? Was passiert in uns, wenn wir etwas Neues erlernen?

Die Neurowissenschaftler wissen heute, dass unser Gehirn plastisch ist, das bedeutet, es lässt sich formen und verändern. Erlebnisse verändern das Gehirn. Wenn wir dein Gehirn jetzt in dieser Sekunde scannen – während du dieses Buch zum ersten Mal liest – und es dann noch einmal am Ende der Lektüre scannen, würden wir keine identischen Aufnahmen bekommen. Das Gehirn ist konstant in Bewegung, es entwickelt sich. Das sind noch ganz neue Erkenntnisse.

Lasst uns die Zeit zurückdrehen. Bis Ende der Neunzigerjahre waren die Forscher davon überzeugt, dass sich unser Gehirn nur bis zum 20.–25. Lebensjahr entwickelt. Danach ginge es nur noch bergab. Die Gehirnfunktionen würden jeden Tag schwächer und es würde immer schwerer, antrainierte Gewohnheiten und Muster zu ändern. Die Gehirnzellen stürben mit der Zeit einfach ab. Das schiere Grauen.

Heute ist man klüger. Zum Glück. Die Forscher wissen mittlerweile, dass unser Gehirn zur *Neurogenese* fähig ist. Das bedeutet, dass es neue Gehirnzellen produzieren kann. Und sie wissen, dass diese Neurogenese durch bestimmte Gewohnheiten und Verhaltensweisen gefördert wird. Außerdem wissen sie, dass Neurogenese das ganze Leben lang stattfinden kann.

Wenn wir die Logik des Gehirns verstehen, können wir ihm angemessene Reaktionen und sinnvolles Verhalten beibringen.

Unser Gehirn wird durch unsere Erfahrungen geprägt und befindet sich permanent »bei der Arbeit«: Es ist damit beschäftigt, Verbindungen zwischen den Gehirnzellen zu erzeugen, zu stärken oder zu schwächen. Das Prinzip lautet »Use it or lose it« – »Benutze es oder du verlierst es« – aber ich verwende gerne das Bild »einen Pfad in den Wald trampeln«. Die Verbindungen im Gehirn, die sehr oft benutzt werden, sind dadurch gestärkt und sind viel leichter zu aktivieren als andere. Sie sind sozusagen die sichtbaren und breitgetrampelten Waldpfade.

Die Verbindungen, die nicht so häufig verwendet werden, verblassen und werden schwächer. Auch sie können wir mit Waldwegen vergleichen: Wenn sie nicht so oft benutzt werden, wuchern sie nach und nach zu. Der Pfad im Gehirn verschwindet nie ganz, aber es wird im Laufe der Zeit immer unwahrscheinlicher, dass er begangen wird. Der Vorzug wird einem anderen gegeben.

BLINDE SPIELEN BASKETBALL

Wir leben in einer faszinierenden Zeit, in der Hirnforschern Durchbrüche gelungen sind, die wir noch vor ein paar Jahren für ausgeschlossen gehalten haben. Blinde können Basketballspielen lernen. Menschen, deren Gleichgewichtsnerv geschädigt ist, können wieder aufrecht stehen und sogar lernen, Fahrrad zu fahren. Verloren geglaubte Funktionen können von anderen Bereichen des Gehirns übernommen und erneut erlernt werden. Menschen, die unter dem Posttraumatischen Stress-Syndrom leiden, können ihre unerträglichen Symptome innerhalb von fünf Wochen los werden – alles mithilfe der richtigen, neuroplastischen Therapie.

Das Beispiel von meiner Tochter und ihrem Hotdog verdeutlicht die Spielregeln unseres Gehirns. »Selbstgesteuerte Neuroplastizität« heißt das in *Gehirnsprech*. Aber es ist vollkommen ausreichend, wenn du dir den Ausdruck »Taschenlampe im Kopf« merkst. Das soll die erste Spielregel sein, die ich vorstellen will und zur Anwendung empfehle. Denn sie ist eine wichtige Grundlage, wenn man mit Kindern arbeitet und lebt.

Stell dir vor, wir hätten eine Taschenlampe in unserem Kopf. Wenn wir die Aufmerksamkeit unseres Gehirns auf eine bestimmte Stelle lenken, dann erzeugen und stärken wir an diesem Ort Verbindungen von Gehirnzellen. Was von der Taschenlampe beleuchtet wird, dem geben wir Energie und Nahrung. Wenn wir also die Aufmerksamkeit auf etwas lenken, was wir nicht mehr wollen, stärken wir das gegen unseren Willen. Aber wenn es uns gelingt, die Aufmerksamkeit in die Richtung zu lenken, die wir gestärkt sehen wollen, dann machen wir diese auch sichtbarer und es wird einfacher, ihr zu folgen.

Wir erzeugen und stärken neuronale Verbindungen an der Stelle, auf die wir unsere Aufmerksamkeit lenken.

In diesem Buch wirst du Bekanntschaft mit der sogenannten emotionalen Plastizität und Verhaltensplastizität machen. Dahinter verbirgt sich die Möglichkeit, unsere Reaktion und Verhaltensweise zu verändern und anzupassen. Je mehr wir über die Logik des Gehirns wissen, desto besser können wir unserem Gehirn dabei helfen, angemessene Reaktionen und sinnvolle Verhaltensweisen zu erlernen und zu verstärken.

Das Verändern von Gewohnheiten und Mustern ist möglich, vor allem wenn man die Spielregeln kennt. Lass uns die »Taschenlampe im Kopf« genauer ansehen und verstehen, worum es dabei geht.

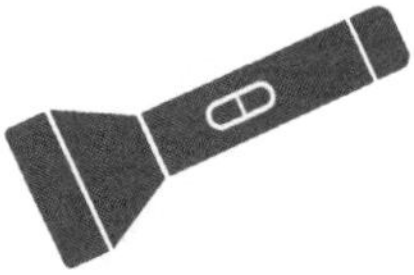

DIE TASCHENLAMPE IM KOPF

Wenn der Handballstar Mikkel Hansen bei einem Torschuss denkt: »Ich will nicht den Pfosten treffen, ich will NICHT den Pfosten treffen!«, ja, was passiert da wohl? Er erhöht die Wahrscheinlichkeit, den Pfosten zu treffen. Denn das Wort *nicht* ist eine Abstraktion, die unser Gehirn einfach ausradiert, übersieht, vergisst. Das Wort *Pfosten* hingegen ist konkret, bedeutungsvoll, richtungsweisend.

Der Elitesportler weiß darum genau, dass er das Ziel fokussieren muss, das er mit dem Ball treffen will, und nicht die Stelle, die er nicht treffen will. Wenn wir uns auf etwas konzentrieren, wird auch unser Körper in diese Richtung bewegt. Das ermöglicht Mikkel Hansen, sein Verhalten und somit seine Körperhaltung entscheidend zu verändern. Und das gilt auch für uns.

Erinnerst du dich noch daran, als du deinen Führerschein gemacht hast? Was hat dein Fahrlehrer gesagt, bevor ihr auf die Landstraße gebogen seid? Solltest du dir vorsagen: »Ich darf bloß nicht gegen die Leitplanke fahren!« oder »Hoffentlich fahre ich nicht gegen den Pfosten da vorne!«? Nein, das hat er garantiert nicht empfohlen. Das hätte nämlich deine gesamte Aufmerksamkeit genau auf das gelenkt, was du eigentlich ignorieren wolltest.

Unsere Aufmerksamkeit sollte in solchen Situationen in die Richtung gelenkt werden, in die das Auto fahren soll. Dein Fahrlehrer hat darum bestimmt vorgeschlagen, dass du dich auf die Fahrbahnbegrenzung konzentrieren sollst. Oder sogar auf den Mittelstreifen, was die Wahrscheinlichkeit erhöht, dass du auf deinem Fahrstreifen bleibst.

Wenn ich mir – während ich vor 800 Leuten stehe und einen Vortrag halten soll – sage: »Ich will nicht nervös sein!«, kann ich sicher sein, dass ich gleich garantiert nervös werde. Sehr nervös sogar. Ich könnte so jederzeit eine Panikattacke provozieren. Ich kenne diesen Mechanismus und habe ihn als junger Mensch oft genug ausprobiert. Damals hatte ich die verschiedensten Berufswünsche: Journalistin, Psychologin, Lehrerin, Ingenieurin – ja, sogar Schiffsingenieurin gehörte dazu, kein Scherz! Allerdings erinnere ich mich ganz genau an den Tag, an dem ich diesen Wunsch für immer begraben habe. Ich war 17 Jahre alt und hatte so einen »Was soll ich mal werden?«-Test gemacht. Darin stand bei Schiffsingenieurin unter anderem, dass man seine Abschlussarbeit in einem Hörsaal verteidigen muss. »Uff!«, dachte ich da. »Das traue ich mich nicht, vor so vielen Leuten zu reden. Das bin ich überhaupt nicht.« Und damit wurde dieser Berufswunsch für alle Zeit aus meinem Kopf gestrichen.

Neurologische Verbindungen im Gehirn, die häufig benutzt werden, sind wie gut sichtbare Waldwege: leicht zu finden und einfach zu benutzen.

Ob das Schicksal, ein Zufall oder die richtige Schuhgröße dafür verantwortlich war, dass ich heute mein Geld damit verdiene, in Hörsälen und auf Kongressen vor Hunderten von Leuten zu reden, weiß ich nicht. Aber ich liebe es. Und bedenkt man meine Angst als Jugendliche, ist es nicht nur lustig, sondern auch ein sehr schönes Beispiel für die Formbarkeit des menschlichen Gehirns. Heute kenne ich alternative Wege. Kreative Wege, die ich mir angeeignet habe. Ich habe meinem Gehirn die Möglichkeit gegeben, sie zu trainieren. Ich kann sogar die Fahrbahn wechseln und von der anfänglichen Nervosität zu innerer Ruhe und Freude gelangen.

»Use it or lose it!«, lautete die Spielregel, die wir schon kennengelernt haben. Sie bedeutet im Alltag, dass die Wege, die häufig benutzt werden, sichtbarer und sicherer werden. Die Wege, die nur selten gegangen werden, verblassen und wachsen zu.

Eine andere Spielregel nennen wir das *Hebbsche Gesetz:* »What fires together, wires together. – Die Verbindung zwischen zwei Neuronen wird dann gestärkt, wenn sie gleichzeitig aktiviert werden.« Als Teenager war in meinem Kopf »Hörsaal« mit »Leistungsdruck« gekoppelt. Heute habe ich eine andere Assoziation: Ein Hörsaal ist ein Raum wie viele andere, in denen die Zuhörer leuchtende Augen bekommen, wenn wir gemeinsam Verbindungen herstellen. Wenn ich ihnen dabei helfe, eine Brücke zwischen der Hirnforschung und ihrem Leben und ihrer Wirklichkeit zu schlagen. Es ist ein Ort voller Potential. Der Wechsel dieser Koppelung in meinem Kopf war keine Zauberei. Jede neue Erfahrung hat aber den neuen, nützlichen Weg in meinem Gehirn sichtbarer und breiter gemacht. Es wurde immer einfacherer, darauf zu gehen. Und so hat sich Schritt für Schritt das Muster der Koppelung geändert.

Ich würde zu gerne wissen, welche Neuronen gleichzeitig aktiviert werden. Welche Hirnzellen sind quasi zusammengewachsen? Wenn man als Teenager zum Beispiel zu viele von diesen Alkopops getrunken hat und sich die ganze Nacht übergeben musste, löst wahrscheinlich allein der Gedanke an Alkopops schon Übelkeit aus. Diese Art von Teamarbeit funktioniert aber auch für schöne Erlebnisse. Beim Duft von frisch gebackenen Brötchen denken wir vielleicht sofort an Omas Küche. Und der Anblick eines geliebten Menschen lässt das Herz vor Freude hüpfen.

DER RADIERGUMMI IM KOPF

Was haben diese Vorgänge in unserem Gehirn jetzt mit unserem Leben und Alltag zu tun? Und warum ist es für dich als Mutter oder Vater von Vorteil, sie zu kennen? Das wollen wir uns jetzt ein bisschen genauer ansehen. Und du wirst sehen: Wenn du deine Sprache nur ein bisschen abwandelst, kann das einen riesigen Unterschied bewirken.

In meiner Arbeit mit Kindern und Erwachsenen – und der Beobachtung der Dynamik zwischen ihnen – habe ich im Laufe der Zeit eine lange Liste von Sätzen zusammengetragen, die Erwachsene sehr gerne im Umgang mit Kindern und Jugendlichen verwenden.

» Man darf nicht **schlagen**! Ich will nicht, dass du **schlägst**!
» Hör auf, die anderen zu **ärgern**!
» Ihr sollt nicht **streiten**!
» Hör auf, so einen **Lärm** zu machen!
» Hör auf, mit den Händen auf dem Tisch zu **trommeln**!
» Hier wird nicht **geschubst**!
» Du wirst immer gleich so **fuchsteufelswild**!
» Das ist mir zu **brutal /wild**!
» Du musst keine **Angst** haben!
» Du sollst nicht mit dem Finger auf **fremde Leute** zeigen!
» Das ist nicht **gefährlich**!
» Jetzt ist Schluss mit **iPad!**
» Wir müssen aufpassen, dass die Perlen nicht auf den Boden **fallen.**
» Pass auf, dass du nicht **hinfällst!**
» Hör auf, so mit mir zu **reden**!
» Es gibt keinen Grund, dich zu **fürchten**!
» Hört auf, euch zu **treten**!
» Das **macht** doch nichts.
» Ich will nicht, dass du auf dem **Stuhl** stehst.
» Das dürft ihr niemandem **verraten**!
» Ich bin nicht mehr **sauer** ...
» Hör auf, mich so zu **nerven**.
» Bist du **nervös?**
» Dir ist das doch jetzt nicht **peinlich**, oder?

» Du bist heute aber ein **Morgenmuffel**!
» Geh nicht über die **Straße** ...
» Das müssen wir gar nicht weiter **diskutieren**.
» Du musst nicht so **brüllen**!
» Hör auf zu **rennen**! Nicht **rennen!**
» Ich habe keine Lust mehr auf diesen **Quatsch!**
» Hör auf zu **fluchen**!
» Du **kletterst** da nicht hoch!
» Deswegen musst du doch jetzt nicht **traurig** sein!
» Ihr dürft nicht rüber zu den **Mädchen** in die Zimmer gehen!
» **Schummeln** ist verboten!
» Pass auf, dass du es nicht **verschüttest**!
» Ich gehe nicht **weg!**
» **Das** sollst du nicht tun!
» Es gibt keine **Gespenster!**
» Auf der Klassenreise dürft ihr keinen **Alkohol** trinken!
» Es ist untersagt, eigene **Essen und Getränke** mitzunehmen.
» Ich will **das** nicht mehr **sehen**!
» Du darfst dir deswegen keine **Vorwürfe** machen!
» Hör auf, dich die ganze Zeit zu **beschweren**!
» Kannst du bitte aufhören, mich so **anzuschreien**?
» Du sollst das nicht irgendwo anders **hinstellen**!

Diese Sätze gehören alle in die Kategorie der *Negativ-Sprache,* wie ich das nenne. Sie richten die Taschenlampe auf die Details, die die Erwachsenen negativ bewerten und abwehren wollen. Wenn wir aber die Worte verwenden, die wir eigentlich schwächen wollen, heben wir sie hervor. Unser Gehirn streicht nämlich abstrakte Wörter einfach weg. Ich nenne dieses Phänomen »Radiergummi im Kopf«. Mit dem Bild können sowohl Kinder als auch Erwachsene etwas anfangen. Jedes Mal wenn wir also abstrakte Formulierungen wie »nicht«, »lass das sein« oder »hör auf damit« benutzen, wird die Aufmerksamkeit des Kindes auf die konkreten und aussagekräftigen Wörter in unserem Satz gelenkt. Die habe ich in der Liste fett gedruckt. Ein Kind hört also nicht die abstrakten Elemente des Satzes. Darum wird der Satz »Du darfst nicht schlagen!« so verstanden: »Du darfst ... schlagen!« In Kombination mit einem bewertenden Gesichtsausdruck kann das Kinder ganz schnell verwirren. Verständlich, oder?

Wir Erwachsenen haben eine sonderbare Vorliebe dafür, die Dinge zu benennen, die wir verbannen wollen. Wenn das eigentliche Ziel aber die Veränderung des kindlichen Verhaltens ist – und darum geht es ja meistens, wenn Erwachsene mit Kindern sprechen – dann eignet sich die Negativ-Sprache überhaupt nicht dafür. Denn sie hebt das Verhalten hervor, das wir unterdrücken wollen. Sie stärkt die kindliche Erfahrung mit dem Zustand, den wir ändern wollen. Und sie ignoriert das Verhalten und die Werte, die wir unseren Kindern eigentlich vermitteln wollen. Wenn du möchtest, dass dein Kind sein Verhalten ändert, musst du die *Positiv-Sprache* benutzen, mit der du das betonst und die Taschenlampe auf das lenkst, was dir wichtig ist. Damit beschäftigen wir uns gleich.

Es gibt Kinder, die hören in den Beziehungen zu anderen Menschen hauptsächlich so etwas: »Das darfst du nicht!«, »Lass das sein!«, »Hör auf damit!« und »Das sollst du nicht!« Ihre Ohren sind bis obenhin voll mit dieser Negativ-Sprache. Ihnen wird permanent gesagt, was sie nicht dürfen. So wird die Mauer zwischen ihnen und ihren Entwicklungsmöglichkeiten immer breiter. Die Erwachsenen übersehen dabei leider, wie wichtig es ist, das Kind einzuladen, sich vielversprechendere Wege zu suchen.

Welche neuronalen Verbindungen stärkst du, wenn du mit deinem Kind sprichst?

Hat man die *neuronale Brille* auf der Nase, ist es total logisch, dass diese Kinder verhaltensauffällig werden oder irgendwelche kritischen Diagnosen gestellt bekommen. Ihre Umwelt handelt eben nicht brainsmart und trägt so auf keinen Fall dazu bei, dass bei diesen Kindern neuronale Verbindungen entstehen, die sie dazu befähigen, widerstandsfähig zu sein und mit den unterschiedlichsten Situationen flexibel umzugehen.

Das Verhalten eines Kindes mit einer solchen Diagnose zeichnet sich meistens durch eine Anhäufung von unangemessenen Verhaltensweisen aus.

Wenn die Negativ-Sprache alleine im Raum steht und »auf einem Bein balanciert« – will sagen, nicht ergänzt und unterstützt wird von einer Positiv-Sprache – entstehen keine konstruktiven, neuen Wege. Wenn wir also diese Gelegenheit verstreichen lassen, das Kind mit einer Positiv-Sprache beim Entdecken eines angemessenen Verhaltens zu unterstützen, lassen wir es im Stich. Obwohl wir das eigentlich gar nicht wollen.

Grenzen zu setzen ist wichtig – sogar essentiell – damit das Kind seinen Platz in unserer Gesellschaft finden kann. Darum ist es umso verwunderlicher und unverständlich, dass so viele von uns Grenzwärtern sich nicht besonders hirnschlau – eben brainsmart – anstellen. Denn eine kleine Veränderung in unserem Verhalten hat eine große Wirkung, wenn wir den Radiergummi im Kopf (die Streichung der abstrakten Wörter wie »nicht«) und die Taschenlampe im Kopf (gestärkt wird, was beleuchtet wird) verstanden haben.

DOSIERE DIE »NICHT«-FORM SPARSAM

In unserer Umgangssprache kommt die »Nicht«-Form oft vor. Wir verwenden die Negation auch, wenn wir etwas ironisch ausdrücken wollen: »Das war wohl nicht so clever!«, »Kein Problem!« oder »Nicht wahr?«

Die »Nicht«-Form ist nicht nur negativ besetzt, sie ist Ausdruck einer reichen und nuancierten Sprache. Zum Beispiel wirst du in diesem Buch auch auf Negativ-Sätze stoßen, die bewusst so formuliert wurden. Es ist nämlich manchmal von Vorteil, zu präzisieren, wie die Dinge nicht sind, und auch, wie sie sind. Oft kannst du deinen Standpunkt besser verdeutlichen, wenn du sowohl sagst, wofür du nicht stehst, als auch, wofür du stehst. Mit anderen Worten, in unserer alltäglichen Kommunikation ergänzen sich die »Positiv-Sätze« und die »Negativ-Sätze«.

Wenn aber die Kommunikation ein anderes Ziel hat, etwa die Korrektur eines Verhaltens, das Aufzeigen neuer Verhaltensmuster, das Stärken von Werten oder die Erweiterung des Horizonts und der Perspektiven beim Gegenüber, müssen wir die Positiv-Sprache aktivieren. Damit wir neue Wege im Gehirn finden und diese neuen Pfade schön breit trampeln können.

Wahrscheinlich hast du auch schon die Erfahrung gemacht, dass Negativ-Sätze nicht den gewünschten Erfolg hatten. Vor kurzem habe ich im Schwimmbad ein wunderbares Beispiel erlebt. Zwei sieben- oder achtjährige Mädchen standen friedlich unter der Dusche, die eine hielt den Duschkopf in der Hand und brauste sich damit ab. Die Bademeisterin kam rein und sagte: »Ich will eben die Haare aus dem Abfluss entfernen ... aber dass du mich nicht mit Wasser vollspritzt!« Man konnte fast sehen, wie das Gehirn des Mädchens das Wörtchen »nicht« strich und sie animierte, den Strahl der Dusche auf den Abfluss zu halten. »Hey, hör mal auf damit!«, sagt die Bademeisterin. Das Mädchen richtete den Wasserstrahl gehorsam wieder woandershin. Aber kaum hatte die Bademeisterin die Dusche wieder verlassen, fragte das Mädchen seine Freundin: »Soll ich dich vollspritzen?« Die Bademeisterin hatte mit ihrer Negativ-Sprache den Impuls für eine lustige Idee gegeben.

Ich bezeichne die Dominanz der Negativ-Sprache gerne als »Auf-den-Händen-sitzen-Logik«. Je häufiger wir die Negativ-Sprache im Umgang mit unseren Kindern benutzen (wenn wir also das betonen, was das Kind *nicht* tun soll), desto tauber werden sie auf diesem Ohr. Das ist wie in »Peter und der Wolf«, wo Peter das Verbot seines Großvaters, nämlich NICHT aus dem Garten herausgehen zu dürfen, prompt übertritt! Das Kind entwickelt eine so große Toleranz gegenüber unseren Sätzen, dass sie keine Wirkung mehr haben. Unsere Worte dringen gar nicht mehr bis zum Gehirn des Kindes vor. Sie lösen sich auf, bevor sie das Ziel erreicht haben. Das Kind hört gar nicht, was wir sagen. Und trotzdem sagen wir diese Negativ-Sätze, mechanisch und pausenlos – wie im Reflex. Albert Einstein hat mal gesagt, immer dasselbe zu machen und zu erwarten, dass sich etwas ändert, ist die Definition von Schwachsinn. Immer und immer wieder dasselbe zu sagen, ohne den gewünschten Effekt zu erzielen, gehört in dieselbe Kategorie.

Abstrakte Worte wie ›nicht‹ und ›hör auf‹ übersieht das Gehirn. ›Du darfst ~~nicht~~ schlagen.‹

An guten Tagen kann die Negativ-Sprache das Kind vielleicht dazu bringen, sein Verhalten zu unterbinden. Aber es lernt keine Alternativen. Und es wird auch nicht zu einem anderen Verhalten in einer vergleichbaren Situation ermuntert. Die Positiv-Sprache hingegen befördert ein größeres Verständnis für Werte wie Respekt, Empathie und Verantwortung – anders geht es einem Kind, das immer nur »Nein« oder »Das darfst du nicht!« hört.

Wir werden uns jetzt ein paar Beispiele ansehen, wie das in der Praxis aussehen kann. Diese dürfen gerne dazu inspirieren, bewusst eigene Positiv-Sätze zu bilden und damit zu experimentieren.

2

»DU DARFST NICHT SCHLAGEN!«

Wie sieht eine brainsmarte Reaktion aus, wenn ein Kind ein anderes schlagen will? Das hängt natürlich von der jeweiligen Situation, dem Alter des Kindes und der konkreten Aktion des Kindes ab. Ich habe ein paar Alternativen zusammengestellt.

Stellen wir uns folgendes Setting vor. Felix hat eine Schaufel in der Hand und ist im Begriff, Elias damit zu schlagen. Beide Jungen sind drei Jahre alt.

Die erste, spontane Reaktion wird sein, dass du den Satz »Du darfst Elias nicht schlagen!« einmal durch deine Frontallappen jagst, den Teil des Gehirns, der auch »Der Boss« genannt wird. Der hakt nämlich nach: »Was willst du denn eigentlich erzielen?« Wenn wir uns dann darüber im Klaren sind, welche Werte wir ansprechen wollen, dann können wir auch brainsmarte Sätze bilden.

Die folgende Liste ist alles andere als vollständig. Aber sie soll dich inspirieren. Sie könnte auch ganz anders aussehen, sie wächst und du kannst jederzeit etwas hinzufügen. Die Sätze stehen in willkürlicher Reihenfolge. Einige sind sehr gut für Dreijährige geeignet, andere vielleicht für etwas ältere Kinder.

KLEINE UMFORMULIERUNGEN MIT GROSSER WIRKUNG

- » Wir haben nur den einen Elias. Er soll doch noch viele Jahre halten.
- » Wir passen alle gut auf Elias auf. So, wie wir auch auf dich aufpassen, Felix!
- » Hey! Glaubst du, Elias findet das lustig/schön/angenehm?
- » Wir behandeln uns hier mit Respekt (darum macht es Spaß, hier zu sein).
- » Achte auf deine Sprache!
- » Sag es mit Worten!
- » Hier reden wir, um eine Lösung zu finden! oder »Finde eine andere Lösung!«
- » Ich habe eine wichtige Aufgabe für dich. Sorgst du dafür, dass dieser Arm gut zu anderen ist? Das hat er wohl gerade vergessen.
- » Eine freundliche Hand knüpft ein Freundschaftsband!
- » Hups! Da hat die freundliche Hand was anderes gemacht!
- » Ich kann in Elias' Augen sehen, dass er Angst bekommen hat. Wie können wir ihm die Angst wieder nehmen?
- » Wenn du wütend wirst, dann komm zu mir. Ich helfe dir.
- » Wenn du wütend bist, mache eine kurze Pause, atme aus und dann atmest du ganz tief ein – bis zu den Zehen.
- » Wenn ihr wütend aufeinander seid, dann geht auseinander!
- » Mit der Schaufel graben wir im Sand!

Die Sätze zielen entweder auf ein bestimmtes Verhalten, das wir auslösen wollen oder sie betonen grundlegende Werte. Sie sind handlungsweisend oder werteorientiert.

Wahrscheinlich tendieren wir nun dazu, eher die Beispiele zu verwenden, in denen ein anderes Verhalten vorgeschlagen wird. Indem wir dem Kind sagen, was es stattdessen tun soll. Sätze wie »Wenn du wütend wirst, dann komm zu mir. Ich helfe dir.« und »Mit der Schaufel graben wir im Sand!« gehören dazu. Ganz viele der Zwei- bis Dreijährigen würden wahrscheinlich sofort anfangen, mit der Schaufel im Sand zu graben, wenn wir ihnen sagen, dass eine Schaufel eigentlich dafür gedacht ist. Als Eltern von Kleinkindern können wir darum eine ganze Weile vermeiden, den Kindern Anweisungen und Vorschriften zu geben. Aber Kinder entwickeln sehr früh schon einen »Fehlerdetektor« im Gehirn und der reagiert mit Widerstand auf Anweisungen und Vorschriften. Er sucht nach Fehlern, Schwachstellen und Mängeln in den Anweisungen: Nach guten Gründen also, nicht zu gehorchen. Es ist darum keine Fehlinvestition, sich früh um Alternativen zu kümmern – Anleitung ohne Anweisung. Dann bist du nämlich schon im Training, wenn dich die Wirklichkeit in Form der Entwicklung deines Kindes eines Tages einholt. Darauf komme ich später zurück.

Wenn wir Alternativen zu ›Hör auf damit‹ … verwenden, begreift das Kind, dass es sich auch anders verhalten kann.

Eine Alternative wäre zum Beispiel, die Werte ins Licht der Taschenlampe zu holen, die wir bei dem Kind stärken wollen. Mit dem Satz »Wir haben nur den einen Elias. Er soll noch viele Jahre halten« zeigt die Taschenlampe auf die Werte »Perspektive« und »Verantwortung«. Bei dem Satz »Wir passen alle gut auf Elias auf. So, wie wir auch auf dich aufpassen, Felix!« sind es die Werte »Verantwortung« und »Gerechtigkeit«.

KINDER LIEBEN ÜBERRASCHUNGEN

Die Aufmerksamkeit eines Kindes wird stärker angesprochen, wenn es überrascht wird. Das gilt auch für Erwachsene. Wenn wir auf sprachlicher Ebene überrascht werden, sind wir viel aufmerksamer.

Wenn die Sprache vorhersehbar und voller Wiederholungen ist, wenn die Überraschung fehlt, nennt man das in der Rhetorik »Redundanz«. Das sollten wir uns immer wieder in Erinnerung rufen. Vermeide Redundanzen, vermeide die Möglichkeit, dass dein Kind deine Sätze beenden kann. Setzen wir Sprache stattdessen spielerisch ein, mit unerwarteten Elementen, die das Gehirn deines Kindes herausfordern.

Wenn es also um Alternativen – oder Ergänzungen – zu Sätzen wie »Du darfst nicht schlagen!« geht, lohnt es sich, mehrere verschiedene Alternativen zu entdecken, anstatt ein oder zwei bis in alle Ewigkeit zu wiederholen. Das gilt vor allem, wenn diese Alternativen das Verhalten einer Gruppe von Kindern verändern sollen – zum Beispiel bei Geschwistern. Wenn der eine Satz bei dem einen Kind ›funktioniert‹, gilt das nicht automatisch für das andere. In solchen Situationen ist es immer brainsmart, mehrere Formulierungen zur Hand zu haben.

Kinder sind aufmerksamer, wenn sie sprachlich überrascht werden. Also erfinde dich neu, spiele mit deinen Worten

Wer ein großes Repertoire besitzt, kann es abwechselnd und in den verschiedensten Situationen einsetzen und auch den Überraschungseffekt nutzen. Kinder reagieren anders, wenn wir etwas sagen, das sie nicht erwartet haben. Sie halten inne, hören zu und denken nach. Und dann machen sie in der Regel etwas ganz anderes als das, womit sie gerade beschäftigt waren.

Kinder reagieren auch manchmal ganz anders, als wir es erwarten. Eine Erzieherin hatte sich die Liste mit den Alternativen durchgelesen und blieb an dem Satz »Eine freundliche Hand knüpft ein Freundschaftsband!« hängen. Das würde bei uns *überhaupt* nicht funktionieren, dachte sie sich. Trotzdem nahm sie es als Anregung mit und versuchte, den Satz in ihrem Kindergarten auszuprobieren. Die Kinder haben ihn sofort angenommen. Mittlerweile verweisen sich die Kinder untereinander auf diese Verhaltensweise: »Eine freundliche Hand knüpft ein Freundschaftsband!« Vielleicht würdest auch du von deinem Kind überrascht werden, wenn du den Mut aufbringst, mal neue Formulierungen auszuprobieren? Statt dich von deinen Vorurteilen (oder vielleicht auch offener Ablehnung gegen solche Sätze) leiten zu lassen, kannst du es doch einfach drauf ankommen lassen. Probiere die Sätze aus, die du intuitiv herausstreichen würdest. Sei offen, lass die Kinder selbst Tester dafür sein, welche Sätze am besten wirken, statt ihnen die Möglichkeit zu nehmen, viele neue Alternativen kennenzulernen.

Wenn bei einem bestimmten Kind ein bestimmter Satz in einer bestimmten Situation erfolglos ausprobiert wurde, kann es passieren, dass derselbe Satz in einer anderen Situation (mit demselben oder einem anderen Kind) hervorragend funktioniert. Wer brainsmart ist, versteht den Austausch mit Kindern als ein großes Experiment. Zu fühlen und zu sehen, welchen Effekt welches Verhalten hat – auch im Kleinen – ist einer der Schlüssel zu brainsmartem Verhalten im Alltag.

PRAKTISCHE ERFAHRUNG MIT FREUNDLICHER HAND

Felix ist kaum offen für das Konzept der freundlichen Hand, während seine Schaufel über Elias' Kopf schwingt. Und wenn er von diesem Satz noch nie gehört hat, ist es wertlos, ihm in dieser Situation seinen Inhalt erläutern zu wollen. Um in eskalierten Situationen auf eine solche Kompetenz zurückgreifen zu können, muss Felix sie in einer lernbereiten Verfassung trainiert haben. Wenn dieses »Fenster« in seinem Gehirn offensteht, ist es sinnvoll, die Verhaltensalternativen mit praktischen Erfahrungen und haptischen Wahrnehmungen zu koppeln.

Ein Elternpaar erzählte mir, dass sie nach einem meiner Kurse mit ihren Kindern zusammen erforscht hätten, was für verschiedene Typen von »Händen« es gibt:

- Woran erkennt man eine freundliche Hand?
- Wann wird eine Berührung zu hart ... so dass sie weh tut?
- Wie kann sie noch freundlicher werden?
- Wenn ich so mache, ist das schön oder tut das weh?

Durch diese Übung wurden die Kinder viel achtsamer mit der Qualität von Berührungen. Und sie entdeckten, dass die Berührung, die für den einen in Ordnung ist, von einem anderen als schmerzhaft empfunden werden kann.

Wenn wir Kindern abgewöhnen wollen, sich gegenseitig zu schlagen, ist ein erster Schritt getan, ihre Aufmerksamkeit zum Beispiel auf freundliche Berührungen zu lenken. Aber wir sollten realistisch bleiben. Wenn ein Kind schon seit Wochen, Monaten oder sogar Jahren andere Kinder schlägt, werden es ein oder zwei Positiv-Sätze nicht »richten« können. Da ist eine kulturelle Veränderung notwendig: Die Sprache, in der dem Kind begegnet wird, muss sich grundlegend ändern. Denn »Du darfst nicht schlagen!« wird kaum der einzige Satz in Negativ-Sprache sein, den das Kind im Laufe eines Tages zu hören bekommt. Wenn wir ihm aber eigentlich dabei helfen wollen, sein Verhaltensrepertoire zu erweitern, muss das System (und damit meine ich die Menschen in seiner Umgebung) den ersten Schritt wagen, indem sie andere Dinge tun und andere Sachen sagen als sonst.

EMPATHIE BEGINNT IN DEN AUGEN

Ich möchte gerne einen weiteren Satz auf der Liste genauer in Augenschein nehmen: »Ich kann in Elias' Augen sehen, dass er Angst bekommen hat. Wie können wir ihm die Angst wieder nehmen?« Warum betone ich das mit den Augen? Brandaktuelle Forschungsergebnisse haben gezeigt, dass man das kindliche Empathievermögen steigern kann, indem man seine oder ihre Aufmerksamkeit auf die Augen des anderen lenkt. Die Forscher haben durch Eye-Tracking (Erfassen und Aufzeichnen der Blickbewegungen) entdeckt, dass Kinder mit einem weniger ausgebildeten Empathievermögen den direkten Augenkontakt meiden und überall anders hinsehen, wenn sie die Gefühle des Gegenübers ablesen sollen. Wahrscheinlich ist ihnen nie gezeigt worden, wie man das macht. Sie wissen gar nicht, wo genau sie hinschauen sollen. Die meisten Erwachsenen würden den Satz so formulieren: »Sieh mal Elias an. Er hat jetzt Angst bekommen.« Und das Kind sieht – vielleicht – zu Elias, aber ohne konkrete Hilfestellung, wo genau es hinsehen soll.

Wenn du die Hinlenk-Sprache verwendest, zeigst du deinem Kind die Richtung und hilfst ihm weiter.

Der Satz »Ich kann in Elias' Augen sehen, dass er Angst bekommen hat. Wie können wir ihm die Angst wieder nehmen?« präzisiert genau, wo der Erwachsene hinsieht. Er könnte seine Beobachtung sogar noch expliziter formulieren: »Ich kann sehen, dass Elias ganz feuchte Augen bekommen hat.« Das lenkt die Aufmerksamkeit des Kindes noch stärker auf die Augen und deren verschiedene Ausdrucksmöglichkeiten.

Die Augen sind der Spiegel der Seele, wie es heißt, an ihnen können wir sofort den Stimmungswechsel einer Person ablesen. Wir können natürlich nicht wissen, welche Gefühle der andere hat. Aber wir können lernen zu registrieren, wann die Augen des anderen einen anderen seelischen Zustand anzeigen. Wann sie die Blickrichtung, die Größe und den Glanz ändern. Wir können als Eltern sofort damit anfangen: Beobachten wir die Augen unseres Kindes. Ist es noch ein Baby, beobachten wir seine Augen, wenn es gestillt wird oder die Flasche bekommt. Betrachten wir das Leuchten in seinen Augen. Wann es die Blickrichtung ändert. Die Größe und Form der Augen. Ihren Glanz und ihre Feuchtigkeit. Dasselbe gilt, wenn unsere Kinder schon älter sind. Folgen wir dem Blick unseres Kindes. Wann ändert er seine Richtung? Was passiert in seinen Augen?

KLEINE VERÄNDERUNG, GROSSER SCHRITT

Die Positiv-Sprache funktioniert bei den ganz Kleinen ebenso wie bei den Großen. Denn sie hilft uns dabei, begehbare und konstruktive Wege in unserem Gehirn zu gehen. Ich habe ein schönes Beispiel von einem ganz kleinen Kind.

Franz ist 17 Monate alt und besucht die Krabbelgruppe im Kindergarten. Seit sechs Monaten ist er schon dabei, aber vom ersten Tag an ist er sehr anhänglich und weinerlich. Er klammert sich durchgehend an einen der Erwachsenen und weint viel. Franz fällt es schwer, in der Mittagspause zur Ruhe zu kommen. Wenn er endlich einschläft, schläft er nur oberflächlich und leicht. Alle im Kindergarten laufen dann auf Zehenspitzen, damit er nicht aufwacht, weil er den Schlaf so dringend braucht.

Als seine Erzieherin Hanne in einem meiner Vorträge von der Taschenlampe und dem Radiergummi im Kopf hört, erzählt sie ihren Kollegen von der Methode. Die ändern daraufhin probehalber – aber umgehend – ihren Umgang mit Franz. Hier ist Hannes Geschichte:

Normalerweise lege ich Franz mittags hin. Ich stehe neben seinem Kinderwagen und sage: »Du musst nicht traurig sein. Du musst kei-

ne Angst haben. Kannst du jetzt bitte aufhören zu weinen, Franz?« Nachdem ich von der brainsmarten Beziehungsarbeit erfahren hatte, begriff ich plötzlich, dass ich die ganze Zeit in Franz die falschen Gefühle und Bilder betont habe: »traurig«, »Angst«, »weinen«. Also habe ich ihn anders angesprochen: »Ich bin bei dir, Franz. Du kannst dich bei mir sicher fühlen. Dein Körper wird immer ruhiger und ruhiger. Das ist in Ordnung. Das machst du gut.«

Dadurch habe ich neue Samen gesät, nämlich »bei dir«, »sicher«, »ruhiger und ruhiger«, »in Ordnung« und »gut«. Ich war überwältigt, wie schnell das Wirkung zeigte. Schon beim allerersten Mal lag Franz ganz still in seinem Kinderwagen und sah mich mit großen Augen an, während er gierig an seinem Schnuller nuckelte und nickte, während ich sprach. Vom ersten Tag an hatte die Positiv-Sprache einen riesigen Effekt. Franz entspannte sich und schlief drei Stunden am Stück. Wir waren alle total baff!

Seitdem haben wir unsere Kommunikation geändert, nicht nur mit Franz, sondern mit allen Kindern. Wir werden immer besser darin zu erkennen: »Was möchte ich bei dem Kind gerade bestärken?« Denn dann können wir das betonen, statt bis zur Bewusstlosigkeit zu wiederholen, was das Kind alles nicht tun soll. Und Franz? Er ist ein ganz anderer Junge geworden. Er ist vertrauensvoll und mutig und nimmt gerne kleinere Aufgaben an, die er alleine ausführt. Dabei lässt er die Beine der Erwachsenen los, an denen er sich immer festgeklammert hat. Durch den ausgiebigen Mittagsschlaf hat er viel mehr Überschuss und Energie. Und er hat angefangen, mit den anderen Kindern zu spielen.

Hannes Geschichte ist eine von vielen, die mir erzählt werden. Sie zeigt, wie wenig es braucht, um eine große Veränderung in unseren Beziehungen und im seelischen Zustand unserer Kinder zu bewirken.

Ein Kursteilnehmer fragte mich scherzend: »Würde das im Falle einer Diät also für mich bedeuten, dass ich mir lieber sagen sollte: ›Ich will keinen Salat essen, ich will keinen Salat essen?‹ statt ›Ich will keine Schokolade essen, ich will keine Schokolade essen?‹«

Genau genommen ja. Wenn wir versuchen, etwas zu unterdrücken, kommt es irgendwann an die Oberfläche zurück. Das nennt man populärwissenschaftlich den »Bumerangeffekt«. 1985 fand an einer amerikanischen Universität folgendes Experiment statt. Die Teilnehmer eines Seminars wurden in drei Gruppen geteilt:

- Eine Gruppe sollte pausenlos an Eisbären denken.
- Eine Gruppe durfte nicht an Eisbären denken.
- Eine Gruppe war die Kontrollgruppe, die keine Instruktionen erhalten hatte.

Welche Gruppe hat wohl am meisten an Eisbären gedacht? Genau, richtig geraten. Die Gruppe, die es nicht durfte. Das nennt man auch den Romeo-und-Julia-Effekt. Je vehementer sich Eltern einer Liebesbeziehung entgegenstellen, umso eher »zwingen« sie die Teenagertochter, an ihren Geliebten zu denken, und verstärken die Verliebtheit.

Du hilfst dem Kind nicht, wenn du nur die Negativ-Sprache verwendest, denn dann weiß es nicht, was es hätte anders machen können.

Wir können selbst ein solches Experiment machen, um diesen Bumerangeffekt zu beobachten. Laden wir zum Beispiel eine Gruppe von Freunden zu einem Schokoladengeschmackstest ein. Der einen Hälfte erzählen wir, dass sie an den Tagen vor dem Test nicht mal an Schokolade denken, geschweige denn welche essen dürfen. Die andere Hälfte ist unsere Kontrollgruppe (der wir gar nichts sagen). Beobachten wir das Verhalten der Teilnehmer bei diesem Test. Die Hälfte, die tagelang ihren Drang nach Schokolade unterdrückt hat, isst ungefähr doppelt so viel Testschokolade wie die andere Hälfte. Ein Bedürfnis zu unterdrücken hat einen Bumerangeffekt.

Die Forschung hat zwar herausgefunden, dass man unter bestimmten Umständen sehr wohl weniger an etwas denken kann - man dadurch aber die Wahrscheinlichkeit um ein Vielfaches erhöht, das zu tun, woran man *nicht* denken wollte, wenn sich die Gelegenheit dazu bietet. Wenn der Chef die ganze Zeit seine Zuneigung zu seiner Sekretärin unterdrückt, erhöht er die Wahrscheinlichkeit, auf der nächsten Weihnachtsfeier mit ihr zu flirten. Wenn wir die Spielregeln unseres Gehirns nicht kennen, kann es unsere Intentionen und unser Interesse boykottieren.

»DU MUSST NICHT SCHLAFEN«

Bei uns zu Hause experimentieren wir immer wieder gerne mit der Negativ-Logik. Zum Beispiel, wenn wir mit der Nicht-Form ein Verhalten stärken wollen, um dem Kind dadurch zu helfen. Unserer vierjährigen Tochter sagen wir zum Beispiel: »Du musst nicht schlafen. Schließ einfach nur deine Augen, entspanne dich und kuschle dich in deinen süßen, weichen Schmusebären.« So geschehen an einem Abend, wo auch die große Schwester Celina mit von der Partie war. Kurz darauf schnarchte die Kleine selig. »Cool!«, rief Celina mit strahlenden Augen. Am nächsten Abend wollte sie ihre Schwester alleine ins Bett bringen, was sie auch durfte. Hinterher kam sie stolz zu uns und verkündete: »Ich habe Alicia ungefähr 30 Mal gesagt, dass sie NICHT schlafen muss, sondern nur die Augen schließen soll!« Sie fand sich unglaublich raffiniert. Da hatte jemand ganz genau zugehört!

3

TOTALER BLACKOUT

Wir haben uns angesehen, wie man die Taschenlampe im Kopf bei kleinen Kindern anwenden kann. Aber wie sieht es bei älteren Kindern aus? Wie können wir unser Wissen über die Spielregeln des Gehirns bei ihnen einsetzen?

Die größte Angst der meisten Teenager ist, dass sie einen totalen Blackout bekommen. Dass sie bei einer Prüfung nichts mehr wissen. Wenn sie aber diesem Gedanken immer wieder neue Nahrung geben – »Hoffentlich bekomme ich keinen Blackout!« – arbeiten sie gegen ihr eigenes Gehirn. Sie stellen ihm und ihrer eigenen Leistung gewissermaßen selbst ein Bein. Durch den Fokus auf ihre Angst erzeugen sie nämlich erst eine gesteigerte Aufmerksamkeit des Gehirns auf eben dieses schwarze Loch, vor dem sie solche Angst haben. Die Frage sollte also lauten: Wie können wir unsere Aufmerksamkeit konstruktiv umlenken?

Wir alle kennen Nervosität. Aber wir gehen unterschiedlich

damit um. Jeder Leistungssportler würde sagen, dass Nervosität (oft auch als ›Adrenalinrausch‹ bezeichnet) für Topleistungen wichtig ist. Weil sie dich anspornt. Sie macht dich bereit dafür, deine maximale Leistung abzurufen. Das sollten sich alle klar machen. Auch Kinder. Nervosität ist dann nämlich nicht mehr »ein Problem« oder »ein Hindernis«, sondern die Grundlage für eine optimale Leistung. Wer brainsmart ist, weiß also, dass man ruhig ein wenig nervös und angespannt, dabei aber klar sein sollte. Die sogenannten ›high performers‹ sind diejenigen, die trotz ihrer Nervosität das tun können, was sie wollen.

Das Gehirn macht keinen großen Unterschied zwischen dem, was wir tun, und dem, was wir uns vorstellen. Mentale Generalproben sind darum wie Trainingseinheiten. Wenn wir uns Alternativen aneignen, auf die wir jederzeit zurückgreifen können, lassen wir neue Wege in unseren Gehirnen entstehen und erhöhen dadurch die Wahrscheinlichkeit ihrer Benutzung. Und das reduziert unsere Nervosität.

Wenn wir uns brainsmart verhalten wollen, müssen wir uns eine Art Filter einbauen: Der eine ist die Analyse des aktuellen Zustandes (»Ich bin offenbar ziemlich nervös« oder »Hoffentlich gibt es keinen Blackout«); der andere ist die Entscheidung, auf welche Stellen wir die Taschenlampe halten (»nervös«, »Blackout«, »innere Ruhe« usw.).

Damit wir auf unsere Ressourcen zurückgreifen können, darf die Angst vor einem Blackout nur eine Zwischenetappe sein, aber kein endgültiger Zustand. Halten wir den Blackout auf Abstand und entscheiden wir uns, was wir lieber bestärken wollen.

Das setzt natürlich voraus, dass du deine emotionalen, kreativen Ressourcen kennst. Es hätte, mit anderen Worten, keinen Sinn, dass ein total gestresster Mensch – nachdem er dieses Buch gelesen hat – auf einmal beschließt: »JETZT bin ich ganz ruhig!«, wenn die Person gar keine Erfahrung damit hat, wie sie ihren Körper zur Ruhe – einer tiefen inneren Ruhe – bringen kann. Gefühlszustände lassen sich nicht diktieren. Bevor sie in aufwühlenden Situationen darauf zurückgreifen kann, muss die Person also konkrete, physische Erfahrungen mit tiefer Ruhe machen. Die Fähigkeit, eine innere Ruhe zu erzeugen, sollte eine Kompetenz sein, die wir schon von Kindesbeinen an erlernen, als Grundlagenrepertoire eines jeden Menschen.

Du kannst deinem Gehirn das Meistern von Situationen beibringen, indem du sie visualisierst.

Ein paar kleine Tricks: Man kann den erwünschten Zustand aussprechen, als wäre er schon eingetreten. Also im Präsens. Und man kann seine Aufmerksamkeit auf etwas richten, was die Unruhe dämpft und die Ruhe anregt: Zum Beispiel ein ruhiger, gleichmäßiger Atem. Alternativen könnten auch diese hier sein:

- Ich atme tief und gleichmäßig und spüre, wie sich die Ruhe in meinem Körper ausbreitet.
- Ich habe mich so gut vorbereitet wie ich konnte, jetzt konzentriere ich mich darauf.
- Alle im Raum (der Prüfer, der Beisitzer und ich) haben dasselbe Ziel: Das Beste aus den nächsten Minuten herauszuholen.
- Ich mache jetzt meinen Kopf leer und gebe mein Bestes.
- Wieder eine Möglichkeit, etwas zu lernen (gefolgt von tiefer Ein- und Ausatmung)
- Fokus ... Fokus.
- Mein Raum! Ich schließe die Augen und nehme mir die Zeit für eine Antwort.

Um den größten Nutzen aus diesem Buch zu ziehen, empfehle ich, die Sätze immer wieder durchzulesen, um den Kern der Aussage zu finden. Im ersten Satz zum Beispiel lauten die konkreten Wörter »tief atmen« und »Ruhe«.

Der letzte Satz auf der Liste hat Michael sehr geholfen. Er ging auf die Handelsschule und hatte große Angst vor einer schlechten Note wegen eines totalen Blackouts. Auch drei Tage vor der Prüfung hatte er noch keinen Kontakt zu seinen emotionalen, kreativen Ressourcen gefunden. Ich erzählte ihm, wie bereichernd es sein kann, wenn man seine Augen einen Augenblick lang schließt und vertrauensvoll auf eine Antwort wartet. »Hab Vertrauen in die Leere!«, sagte ich. »Die Antwort wird kommen!« Die verbleibenden Tage nutzte er, um das zu üben. Außerdem beschloss er, den Prüfern vorher anzukündigen, dass er eventuell ab und zu die Augen schließen würde, um über die Antwort nachzudenken. Nach der Prüfung rief er mich an: »Es hat funktioniert! Das hat mir ganz viel Ruhe und Konzentration gegeben. Und ich habe eine richtig gute Note bekommen!«

Michael war es gelungen, in der Situation der Versuchung zu widerstehen, sich auf das zu konzentrieren, was er nicht erleben wollte (Blackout). Denn er hatte vorher trainiert, seine innere Ruhe zu finden und sich auf etwas anderes zu konzentrieren. In der Prüfungssituation konnte er dann auf diese Kompetenz zurückgreifen. Er konnte den Weg begehen, den er mental vorbereitet hatte. Und es fiel ihm leicht, sich dafür zu entscheiden.

Alternativen sind wichtig fürs Gehirn. Attraktive, umsetzbare, ansprechende und visualisierbare Alternativen. Das Gehirn muss den Weg vor sich sehen, den es gehen soll. Wenn das Gehirn aber keinen Weg sieht, wird es ihn auch nicht wählen. Und wenn das Gehirn zwar einen Weg sieht, der aber weder attraktiv noch erfolgversprechend erscheint, wird es sich dort nur langsam, widerstrebend und schleppend entlang bewegen. Und dann ist es unser Gegenspieler statt unser Mitspieler.

4

DAS MUTIGE KIND

Wenn ich die zentralen Hirnfunktionen beschreiben sollte, sehe ich die Tasten eines Klaviers vor mir. Und das gleich aus mehreren Gründen. Zum einen ist die passendste Metapher für unser Gehirn ein »Jazzorchester« (und nicht etwa, wie viele annehmen, ein »Computer«): Die 100 Milliarden Hirnzellen verbinden sich spontan miteinander – ohne Dirigent – und erzielen dadurch ein einzigartiges Resultat mit den Mitteln, die zu diesem Zeitpunkt zur Verfügung stehen. Die Verbindungen, die häufiger verwendet werden, gewinnen an Stärke. Die Verbindungen, die seltener oder nie verwendet werden, verblassen und verschwinden. Die einzelne Zelle wird durch das Zusammenspiel mit anderen gestärkt und alle arbeiten für dieselbe Sache.

Wenn wir das Bild der Klaviertasten benutzen, ist es einfacher, zu erkennen, wann wir feststecken und immer denselben Ton spielen und es vielleicht an der Zeit wäre, die Taste zu wechseln. Oder wann wir anfangen könnten, mit mehreren Fingern zu spielen, anstatt nur mit einem oder zwei.

Die acht Tasten in unserem inneren Klavier heißen: Gedanken, Wahrnehmung, Vision, Körper, Erfolge, Werte, Gefühle, Ziel. Wir werden uns in diesem Kapitel die Erfolgstaste genauer ansehen. Sie ist ein weiteres gutes Beispiel für die Funktion der Taschenlampe im Kopf. Du kannst die Erfolgstaste jedes Mal spielen, wenn du ein Kind vor dir hast, das Ängste hat oder einer Aufgabe unsicher gegenübersteht (oder wenn es dir selbst so geht). Wenn man das Gefühl hat, dass der Bildschirm schwarz wird, tritt das Gehirn nämlich auf die Vollbremse. *Außer* wir haben raffinierte Methoden, um es für etwas anderes zu begeistern. Die Erfolgstaste bietet uns Wege, um auch ein blockiertes Gehirn zu erreichen.

Die Gehirnfunktionen sind wie Klaviertasten, aber meistens vergessen wir, die ganze Klaviatur zu spielen.

Drei Beispiele habe ich zusammengestellt, in denen Erwachsene Kindern dabei geholfen haben, in herausfordernden Situationen auf ihre vergessenen oder unentdeckten Ressourcen zugreifen zu können.

BEISPIEL 1: KIRMES FÜR ANFÄNGER

Caroline ist acht Jahre alt und verbringt den Tag mit ihrer Freundin Liva und deren Familie im Tivoli, der großen Kirmes in Kopenhagen. Sie freut sich sehr darauf und ist ganz aufgeregt, als sie den Tagespass kauft und sich ans Handgelenk bindet. Als Caroline dann aber vor dem Riesenrad steht, ist sie davon vollkommen überwältigt und traut sich überhaupt nichts mehr. Kein Riesenrad. Kein Karussell. Und schon gar keine Achterbahn. Liva ist furchtbar enttäuscht. Sie hatte sich so darauf gefreut, mit ihrer Freundin den ganzen Tag im Tivoli zu verbringen, und dann traut sich Caroline nichts!

Zum Mittagessen gehen sie in eines der Restaurants. Dort bemerkt Livas Mutter Pia, mit welcher Begeisterung und Furchtlosigkeit Caroline isst. Sie taucht ihre Chicken Nuggets mal in die eine, mal in die andere Soße und isst auch das Gemüse und die Nudeln auf.

»Du bist ganz schön mutig, was Essen anbetrifft, Caroline«, sagt Pia. »Du probierst einfach neue Sachen, das finde ich super!« Caroline lächelt übers ganze Gesicht: »Ich esse fast alles. Ich habe zu Hause auch schon mal Spargelsuppe gegessen. Und Salat.« »Dann bist du *essensmutig*, könnte man sagen. Du traust dich, Lebensmittel zu essen, die andere Kinder vielleicht noch nicht so gerne ausprobieren wollen?«

»Ja!«, antwortet Caroline ganz stolz.

»Liva macht etwas Ähnliches, wenn sie hier im Tivoli neue Sachen ausprobiert«, sagt Pia. »Sie denkt sich dann: Das probiere ich aus, das könnte Spaß machen. Und dann probiert sie es aus und stellt fest, dass es tatsächlich Spaß macht. Du traust dich vielleicht noch nicht, *jetzt sofort* so viel auszuprobieren. Du bist ja auch gerade erst angekommen. Aber heute Nachmittag wirst du bestimmt durch die Gegend sausen und das ausprobieren, was du dir *erst einmal* in Ruhe *ansehen* wolltest.«

Caroline strahlt Pia an. Und ganz richtig: Sie traut sich viel mehr als noch am Vormittag. Jetzt muss sie nicht mehr vom Rand aus zusehen – und am Ende war sie sieben Mal in der Achterbahn.

Pia wechselt in ihrem letzten Satz ganz bewusst das Tempus. »Aber heute Nachmittag wirst du bestimmt durch die Gegend sausen und das ausprobieren, was du dir erst einmal in Ruhe ansehen wolltest.« Die Taschenlampe beleuchtet die Erkenntnis, dass die überwältigende Angst und Unsicherheit von Caroline hinter ihr liegt. Pia lädt sie ein, eine mutige Fortsetzung der Geschichte zu schreiben. Mit Hilfe der Erfolgstaste stärkt Pia Caroline auf drei Ebenen. In Anlehnung an das berühmte Trio »Glaube, Liebe, Hoffnung« benenne ich dieses wichtige Trio: »Glaube, Ruhe, Brücke«.

- Der Glaube – daran, dass sie es schafft
- Die Ruhe – die innere, während sie es tut
- Die Brücke – die sie baut, indem sie Caroline eine neue Verbindung zu ähnlichen und bedeutsamen Erlebnissen aus ihrem Erfahrungsschatz ermöglicht, die Caroline gut gemeistert hat. So wird die Verbindung zur aktuellen Situation angebahnt

Unserer Kreativität, solche Verbindungen zwischen den verschiedenen Alltagssituationen zu erzeugen (hier: Essensmut und Kirmesmut), sind keine Grenzen gesetzt. Mit dieser Methode – die ich seit vielen Jahren auch in der Beziehungsarbeit einsetze, bei Erwachsenen und bei Kindern – helfen wir einander, vergessene oder noch unentdeckte »Waldwege« in unserem Gehirn zu nutzen. So werden die erfolgversprechenden Wege wieder sichtbarer und nutzbarer. Und das erste Gefühl (das häufig nur eine Gewohnheit geworden ist) ändert sich. Was vorher noch gefährlich war, wird – indem eine Sicherheit hinzugezogen wird – auf einmal spannend und weckt die Neugier. So, wie kaltes Wasser lauwarm wird, wenn man heißes dazu gießt. Genau das geschieht, wenn man auf der Erfolgstaste spielt.

BEISPIEL 2: VOM FAHRRADFAHREN UND HALLOWEEN

Es ist Halloween. Anton ist vier Jahre alt und will sich nicht verkleiden. Die Erzieherin Maria erinnert sich an die Methode mit der Erfolgstaste und will sie bei Anton einsetzen. Am Tag vor Halloween sagt Maria zu Antons Mutter, dass er sich natürlich nicht verkleiden muss, sie ihm aber gerne seine Verkleidung mitgeben kann, wenn er sich im Laufe des Tages doch noch anders entscheiden sollte. Als Anton am nächsten Morgen in den Kindergarten kommt, spielt Maria gleich zu Beginn die Erfolgstaste auf Antons innerem Klavier. »Anton, erinnerst du dich noch, als du auf dem Spielplatz Fahrrad fahren gelernt hast? Zuerst wolltest du es gar nicht ausprobieren. Du hast dich nicht so sicher gefühlt. Und es war alles neu für dich.

Wenn wir auf der Erfolgstaste spielen, helfen wir dem Kind dabei, neue oder vergessene Pfade zu betreten.

Aber dann hast du es trotzdem ausprobiert. Und am Ende warst du so froh und stolz. Ich weiß, dass Halloween *jetzt noch* neu für dich ist. Aber wenn du willst, dass ich dir heute irgendwann beim Verkleiden helfe, dann mache ich das sehr gerne. So, wie damals beim Fahrradfahren!« Dieses Angebot arbeitet in Anton. Und tatsächlich: Kurz darauf kommt Anton zu Maria und bittet sie um Hilfe beim Anziehen seiner Verkleidung.

BEISPIEL 3: DER SCHWERE SCHULWECHSEL

Wenn man die Erfolgstaste spielt, ist das ein bisschen, als würde man auf eine Zeitreise gehen. In den beiden Beispielen von der essensmutigen Caroline und dem fahrradmutigen Anton dreht man die Zeit zurück und erinnert an Erfahrungen, die den Kindern in der aktuellen Situation helfen können. Und das geht – der Logik der Taschenlampe im Kopf folgend – auch in die andere Richtung. Wir können auch die Zeit vorspulen.

Wir alle kennen die geflügelten Worte »Aller Anfang ist schwer« und »Rom wurde auch nicht an einem Tag erbaut«. An diesem Wissen dürfen wir unsere Kinder gerne teilhaben lassen. Auch wir profitieren davon. Wir können die Zeit vorspulen – vorbei an den schwierigen Momenten und Herausforderungen – und das Kind daran erinnern, dass die Dinge immer leichter werden, wenn man sich erst an das Neue gewöhnt hat und gelernt hat, damit umzugehen.

Karl ist zehn Jahre alt und hat große Schwierigkeiten mit dem Schulwechsel. Er wird schnell traurig, läuft dann aus dem Klassenzimmer, verkriecht sich zwischen den Jacken und matschigen Stiefeln und weint. Eine Lehrerin, Marie-Louise, sieht eines Tages, wie er aus dem Klassenzimmer gerannt kommt, und setzt sich zu ihm.

»Das dauert, bis man sich an eine neue Schule gewöhnt hat«, sagt sie. »Im Moment sind so viele Sachen neu für dich. Und das kann am Anfang ziemlich schwierig sein. Aber im Laufe der Zeit wirst du dich immer mehr daran gewöhnen, zu uns auf die Schule zu gehen. Und an Weihnachten wirst du dich schon viel sicherer fühlen. Und wenn es wieder Sommer ist und die Sonne scheint, wird es dir noch besser gehen. Das wird alles kommen, nur eben ganz langsam.«

Während sie mit ihm spricht, streichelt sie ihm über den Rücken. Karl wischt sich die Tränen aus den Augen. Und nickt. Und als kurz darauf seine Klassenlehrerin herauskommt, um ihn wieder in die Klasse zu holen, geht er gestärkt mit. Manchmal brauchen Kinder unsere Weisheit und unser Wissen.

Du hilfst deinem Kind, wenn du ihm zeigst, dass es seine Ressourcen aus einem Erfahrungsbereich für einen anderen nutzen kann.

Du kannst beim Spielen der Erfolgstaste auch eine kleine Geschichte erzählen. Marie-Louise weckt Hoffnung, Vertrauen und Optimismus in Karl, als sie ihn daran erinnert, dass morgen auch noch ein Tag ist. Und dann ein neuer Monat kommt ... Und gleichzeitig zeigt sie Empathie dafür, dass aller Anfang schwer ist und drückt ihr Vertrauen in ihn aus, dass er das schaffen wird und gestärkt daraus hervorgehen wird.

Mit der Erfolgstaste kannst du also in der Zeit reisen – vor und zurück. Das Ziel ist, Brücken zu bauen zu den Ressourcen, die dem Kind Ruhe und Kraft in der jeweiligen Situation geben können.

ERWARTUNGSDRUCK ERZEUGT LEISTUNGSDRUCK

Forschungen haben gezeigt, dass die Auffassung der Umwelt einen entscheidenden Einfluss auf unseren Zugriff auf unsere eigenen Ressourcen und unsere Leistungen hat. In einem Experiment an einer amerikanischen Schule suggerierten die Forscher den Lehrern, dass ein Teil der Schülerschaft sogenannte Sprinter wären – also leistungsstarke und gut funktionierende Schüler –, die anderen hingegen nicht so fleißig seien. In Wirklichkeit waren die beiden Gruppen zufällig zusammengestellt worden. Nach Abschluss des Experiments stellte sich heraus, dass die vorgefasste Meinung der Lehrer einen unmittelbaren Einfluss auf ihren Blick auf die Schüler und ihre Zukunftsperspektiven hatte. Außerdem hatte die Einschätzung der Lehrer eine unmittelbare Auswirkung auf die tatsächlichen Leistungen der jeweiligen Schüler. Traute der Lehrer dem Schüler aufgrund der (falschen bzw. zufälligen) Information etwas zu, lernte dieser besonders viel. Hatte der Lehrer hingegen eine bereits vorgefertigte negative Haltung zu der Leistungsfähigkeit des Schülers, lernte dieser deutlich weniger. Das nennt man den Rosenthal-Effekt.

Wir können jeden Tag, den wir mit Kindern zusammen sind, nutzen. Ganz unabhängig davon, welche Rolle wir in ihrem Leben spielen. Wir können das Vertrauen in ihnen wecken, dass sie mit jedem noch so kleinen Schritt auf dem richtigen Weg sind. Jeden Tag ein kleines bisschen bringt dich ganz weit. Der chinesische Philosoph Laotse hat gesagt: »Auch der längste Marsch beginnt mit dem ersten Schritt.« Das traf auch auf Karl zu. Und es gilt für das Kind oder die Kinder, mit denen du täglich zusammen bist. Kleine Schritte können auf lange Sicht Großes bewirken.

Zu oft konzentrieren wir uns auf die Dinge, die sich das Kind nicht traut, und daraus wird blitzschnell eine selbsterfüllende Prophezeiung. Das Kind wird darin bestätigt, dass es zu denen gehört, »die sich nicht trauen«. Das führt aber nur zu noch weniger Wagemut. Wenn das Wort »trauen« unbedingt vorkommen muss, sollten wir unsere Wortwahl abwägen. Wir könnten zum Beispiel sagen: »Vielleicht traust du dich das jetzt noch nicht. Aber wenn du älter wirst, wirst du schrittweise immer mutiger.« Solche kleinen Zusätze deuten an, dass der fehlende Mut vermutlich nur eine Übergangsphase ist. Denn das Kind wird Schritt für Schritt wachsen – und zwar sowohl sein Körper als auch sein Mut.

Gleichzeitig können wir die Kinder darin unterstützen, ihre Ressourcen aus einem Erfahrungsbereich für einen anderen zu nutzen. Ein Mädchen, das minutenlang auf den Händen läuft, kann ihr Durchhaltevermögen und ihre Kraft auf ihre Mathematikklausuren übertragen. »Ich bleibe dran. Einen Schritt nach dem anderen. Ich will!« Oder der Junge, der an Schwimmwettkämpfen teilnimmt und jedes Mal auf dem Startblock furchtbar nervös ist, aber trotzdem ins Wasser springt. Er kann diese Erfahrung nutzen, um Mut zu fassen, wenn er neue Menschen trifft, zu einer Prüfung muss, Theater in der Schule spielt ...

So wächst langsam, aber sicher der Mut. Und wer weiß: Vielleicht bekommen auch wir Erwachsenen Lust darauf, festgefahrene Ansichten von uns selbst schrittweise abzulegen?

Wir können unsere Eigenschaften in allen Spielräumen des Lebens nutzen. Wenn wir in bestimmten Situationen geduldig und konstruktiv sind, können wir diese Ressourcen umcodieren und sie in anderen Situationen nutzen. Wenn du dich nicht traust, deine Arbeit dem Vorstand zu präsentieren, aber im Privaten wahnsinnig gerne Festreden hältst, kannst du diese Erfahrung auf deine berufliche Situation übertragen. Wer in seiner Freizeit kreativ ist, nicht aber im beruflichen Alltag, kann die Erfolgstaste des inneren Klaviers beim Umcodieren der Kreativität nutzen.

5

BIST DU BREMSKLOTZ, RÜTTELSTREIFEN ODER PFADFINDER?

Jetzt haben wir Bekanntschaft mit der Logik des Gehirns und seinen drei wichtigsten Techniken gemacht:

1. Die Taschenlampe im Kopf: Sie begünstigt, betont und verstärkt den Bereich, den du beleuchtest.
2. Der Radiergummi im Kopf: Das Gehirn löscht das Wort »nicht« und andere abstrakte Ausdrücke wie »Hör auf«, »Lass das sein« etc.
3. Der Bumerangeffekt: Du erhöhst dein Verlangen nach Dingen, die du eigentlich vehement unterdrücken willst. Am Ende denkst du besonders viel daran oder machst sie erst recht.

Mit diesen Techniken im Hinterkopf wird schnell klar, dass wir in der Kommunikation und Beziehungsarbeit mit unseren Kindern (genau genommen mit allen Menschen) die Wahl haben. Wollen wir unsere Worte einsetzen, um langfristig eine Verhaltensänderung zu befördern, oder sollen sie ein unangemessenes Verhalten sofort beenden?

WELCHE ROLLE ÜBERNEHMEN WIR?

In jeder Situation haben wir die Wahl, welche Rolle wir - mit unserer Negativ- oder Positiv-Sprache – einnehmen.

Bremsklotz. Wir sind eine Art Notbremse, die ausschließlich Negativ-Sätze verwendet, etwa »Hör auf zu streiten!«

Rüttelstreifen. Wir sind uns unserer Sprache und Grenzen bewusst und ergänzen die Negativ-Sprache mit Positiv-Elementen: »Hör auf zu streiten! – Hier behandeln wir uns mit Respekt!«

Pfadfinder. Wir sprechen nur in der Positiv-Sprache und richten die Taschenlampe auf die Wege, die das Kind am besten gehen sollte. Die wir stärken wollen. »Respekt ist wichtig! Dadurch ist es für alle schöner, hier zu sein!«

Mit diesem Wissen können wir unseren Kindern verantwortungsvoll bei ihrer Entwicklung beiseite stehen. Wir nehmen sie »an die Hand« und zeigen ihnen, wie ein angemessenerer Fokus – auf Werte und/oder Verhalten – aussehen könnte. Mir geht es nicht um das Streben nach der perfekten Sprache oder der perfekten Elternschaft, sondern um den Mut, die Dinge anders zu formulieren und zu machen, um die Resilienz der Kinder und ihre Fähigkeit, durch die Höhen und Tiefen des Lebens zu navigieren, zu stärken.

Nimm dein Kind an die Hand und zeige ihm eine geeignetere Richtung.

Wissen wird erst wertvoll, wenn es angewandt wird. Es muss praktiziert werden und relevant sein. Ungenutztes Wissen ist wie Geldscheine, die im Meer schwimmen: unbrauchbar und wirkungslos, weil sie nicht in etwas Sinnvolles umgewandelt werden können und sich über kurz oder lang auflösen. Diese Erfahrung habe ich vor allem mit der Taschenlampe im Kopf gemacht. Die Erwachsenen hatten schon mal davon gehört, dass unser Gehirn das Wort ›nicht‹ nicht kennt, aber diese Erkenntnis hatte keinen weiteren Einfluss auf ihr Verhalten den Kindern gegenüber. Das Feedback der Eltern, Lehrer und Erzieher hat mir gezeigt, dass bei ihnen bisher einfach noch nicht »der Groschen gefallen war« und »ich erst jetzt verstanden habe, was ich anders machen kann und warum das wichtig ist.«

ACHTE AUF DIE RÜTTELSTREIFEN

Statt den Autopiloten einzuschalten und immerzu die Ablenk-Sprache zu verwenden, die dem Kind keine alternative Richtung anbietet, könntest du anfangen, auf die Rüttelstreifen in deiner Sprache zu achten. Was ich damit meine?

Die Rüttelstreifen kennen wir von der Autobahn oder den Landstraßen und sie haben ein ganz klares Ziel. Sie erinnern uns daran, dass wir von unserem Kurs abkommen und wir das Steuer ein wenig drehen müssen, um wieder auf die richtige Fahrbahn zu kommen. Die Rüttelstreifen haben einen Einfluss auf unser Verhalten. Und zwar unmittelbar.

Aber sie erzeugen weder Schuld noch Schamgefühle, oder? Es gibt auch nur wenige Autofahrer, die stundenlang auf dem Rüttelstreifen fahren. Genauso wenige von uns zählen die Stunden, die sie auf den Rüttelstreifen verbracht haben, um daran abzulesen, ob sie gute oder schlechte Autofahrer sind. Aber was machen wir dann mit dem Rüttelstreifen? Wir nutzen ihn als Feedback, das uns das Geräusch und das Gefühl gibt, wenn wir auf den Streifen geraten. Wir korrigieren, sortieren uns neu und setzen dann die Reise fort. Rüttelstreifen sind ein wertvolles Mittel der Kommunikation – *keine* Einladung zu Selbstvorwürfen. Die Metapher kann deine eigene Resilienz stärken. Denn sie hilft dir, elegant zurück auf die Fahrbahn zu gelangen, die du in der Beziehung zu deinem Kind befahren willst.

NATÜRLICH DÜRFEN WIR AUCH »NICHT« SAGEN!

Bedeutet das jetzt, dass wir nie wieder »nicht« verwenden dürfen? Oder nie wieder die Negativ-Sprache benutzen sollten? Nein, natürlich nicht. Und natürlich können wir auch weiterhin »Nein« und »Stopp!« und »Jetzt ist es genug!« sagen, wenn es angebracht ist. Die Negativ-Sprache ist ein unerlässlicher Teil unserer Alltagssprache. Selbstverständlich ist sie das. Aber sie ist eben auch unzureichend, wenn sie alleine steht, weil sie keine Hilfe beim Finden und Sichtbarmachen der neuen Wege im Gehirn ist.

Das neue Wissen über die Logik des Gehirns ermöglicht uns aber, auch neue Wege zu gehen. Fügen wir unserem Kind zuliebe unserer Sprache Positiv-Sätze hinzu. Wenn wir zum Beispiel unserem Kind, das aus einem Alptraum aufgeschreckt ist, sagen: »Es gibt keine Gespenster!« – dann können wir das Rüttelstreifenerlebnis nutzen und hinzufügen: »Die leben in Märchen und Geschichten. Hier bei mir bist du sicher.«

Wenn dein Teenager sagt: »Ich habe keinen Bock, den Tisch zu decken!«, kannst du fragen: »Wenn du dich da nicht beteiligen willst, womit möchtest du dich denn lieber beteiligen?« Mit dem Satz leuchtet die Taschenlampe im Kopf gleich zweimal auf das Wortfeld »beteiligen« und der Teenager hat die Gelegenheit, seine Vorlieben zu äußern. Aber sei geduldig auf dieser Reise. Wenn eure Familienkultur 15-17 Jahre Zeit hatte, um Sprachgewohnheit zu etablieren, dann wird es mehr als ein paar neue Sätze benötigen, um den Kurs des Schiffes zu ändern.

Es ist aber auch manchmal überraschend, wie schnell sich unsere Beziehung und Kommunikation ändern kann. Wenn ein Kind normalerweise die Positiv-Sprache kennt, wird es die Ohren extra weit aufsperren, wenn der Erwachsene zwischendurch mal als Bremsklotz auftritt oder nur die Negativ-Sprache einsetzt. Bist du sprachlich hauptsächlich als Pfadfinder unterwegs, wirst du eine weitaus größere Wirkung erzielen, wenn du auch mal als Bremsklotz auftrittst.

EINE WELT FÜR EXPERIMENTIERFREUDIGE

Ich hoffe, dass ich es zwischen den Zeilen schon oft ausgedrückt habe, aber zur Sicherheit formuliere ich es noch einmal ganz explizit: Ich glaube nicht an Universallösungen. Ich glaube nicht, dass es in der Beziehung zwischen Erwachsenen und Kindern darum geht, »one size fits all« zu finden – eine Vorgehensweise, die immer funktioniert. Es kann nämlich durchaus sein, dass eine Methode ein paar Tage lang sehr gut funktioniert und plötzlich nicht mehr. Prima. Dann probieren wir etwas Neues, einen neuen Weg. Vielleicht können wir später noch einmal auf die erste Methode zurückgreifen. Vielleicht hat sie auch ausgedient.

Abwechslung ist auf jeden Fall immer eine gute Idee, damit Ausdrücke, Formulierungen, Wendungen nicht so oft benutzt werden, dass sie am Ende leer und hohl sind.

In Schulen und Kindertagesstätten treffe ich sehr oft auf Lehrer und Erzieher, die im Kollegium beschlossen haben, mit bestimmten Kindern oder Situationen immer auf dieselbe Art und Weise umzugehen. Alle Erwachsenen begegnen den Kindern also gleich. Das funktioniert ein paar Wochen ganz gut – aber dann hört es abrupt auf und alle sind frustriert. Das ist verständlich.

Denn das Kind wird nach einer Zeit »unempfänglich« für die Botschaft. Zum einen Ohr rein, aus dem anderen wieder raus. Mit einer reichen, wandelbaren und einladenden Sprache aber wird seine Aufmerksamkeit geweckt. Dadurch schärfen wir den Gehörsinn, wecken Neugier und steigern die Auffassungsgabe. Und zwar nicht nur beim Kind, das gilt auch für unsere eigene Wahrnehmung.

Abwechslung ist gut, damit sich die Formulierungen und Reaktionsmuster nicht abnutzen. Außerdem gibt es keine Universallösung.

Man muss sich da langsam herantasten und experimentierfreudig sein.

Eine ehemalige Klientin von mir – aus dem mittleren Management – arbeitete für eine aufstrebende, internationale Firma. Sie bat um ein Coaching und sagte mir gleich in unserer ersten Session: »Anette, ich experimentiere nicht!«

»Wenn du nicht experimentierst, was machst du dann?«, fragte ich neugierig.

»Ich erledige meine Arbeit!«, entgegnete mir Viktoria.

Im Laufe des Coachings sagte sie eines Tages unaufgefordert: »Also, irgendwie hat mich das Experimentieren richtig gepackt. Ich versuche, kleine Veränderungen in meinen Führungsstil einzubauen. Und die sind supereffektiv!«

In unseren Sessions hatte ich aus Rücksicht nie das Wort ›experimentieren‹ verwendet. Aber die Übungen hatten trotzdem Gelegenheit, ihre Wurzeln zu schlagen und Victorias Gehirn zu einem Mitspieler werden zu lassen: Sie fand einen Zugang zu einer ganz neuen Seite ihres Repertoires.

Wenn man eher therapeutisch an so etwas herangeht und sich nicht mit den Spielregeln des Gehirns auskennt, würde man sich wahrscheinlich darauf konzentrieren, warum Victoria nicht gerne experimentiert und was ihren Widerstand verursacht hat.

Das aber würde wahrscheinlich nur Verteidigungsmechanismen in ihr auslösen: Ihr Gehirn würde zu ihrem Gegenspieler werden. Sie würde blockieren und mich und die Situation als »Gefahr« betrachten.

Wenn man brainsmart an die Sache herangeht, kann man einfach »auf die Pausentaste drücken«, so wie ich es getan habe. Ich unterließ es ganz einfach, von Experimenten zu sprechen, weil ich Widerstand erwartete und Viktoria sich missverstanden und übergangen gefühlt hätte. Stattdessen habe ich ihr geholfen, neue und wertvolle Erfahrungen zu machen, die sie schrittweise – allerdings wesentlich indirekter – ihren Blick auf das Experimentieren ändern ließen.

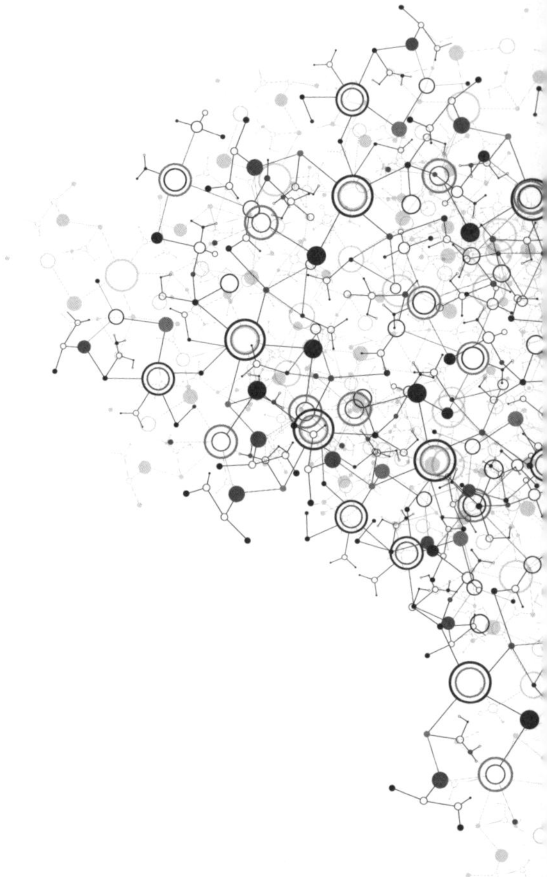

TEIL 2

ALARMGLOCKE – DIE AMYGDALA

6

SCHWARZER GÜRTEL IM UMGANG MIT DER AMYGDALA

Wir alle kennen Situationen, in denen unser Kind total ausflippt, weil es sich zum Beispiel anziehen soll, sich ausgeschlossen fühlt oder seinen Willen nicht bekommt. Ich beschreibe das gerne so: »Unser Gehirn versinkt im Schlamm.« In den folgenden Kapiteln geht es darum, was das in der Praxis bedeutet und wie wir mit solchen Situationen umgehen können.

Die Hauptakteurin in den eben erwähnten Situationen ist ein Teil unseres Gehirns, der Amygdala genannt wird. Die Amygdala besteht aus zwei mandelförmigen Bereichen im Limbischen System, das für die Emotionen zuständig ist, und übernimmt entscheidende Rollen. Sie hat eine ganze Reihe von Funktionen, am besten bekannt aber ist ihre Rolle als Alarmglocke, als Gefahrenabwehrsystem.

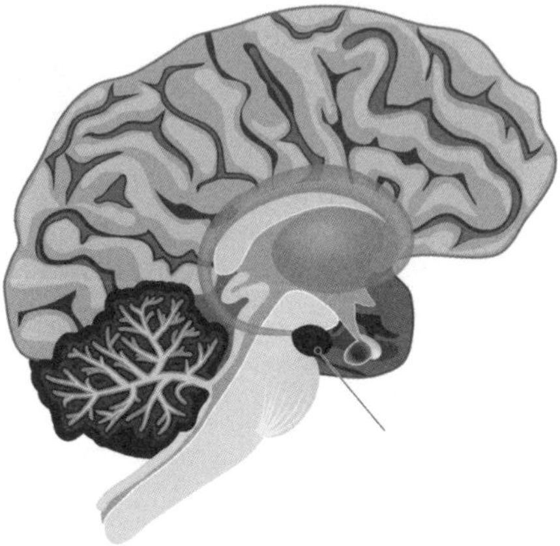

Wenn die Amygdala etwas als Gefahr identifiziert, bereitet sie unseren Körper blitzschnell auf die bevorstehende muskuläre Höchstleistung vor. Das Herz galoppiert; dem Blut werden Unmengen an Zucker und Sauerstoff entzogen; Cortisol und Adrenalin werden in großen Mengen ausgeschüttet; unsere Atmung wird schneller und oberflächlicher.

Jedes Mal, wenn wir die Fassung verlieren, wurde unsere Amygdala von einem Auslöser getriggert.

Wenn wir beispielsweise einem bissigen Hund gegenüberstehen, ist die akute Alarmbereitschaft ausschlaggebend für die Geschwindigkeit und Scharfsinnigkeit unseres Verhaltens. In diesen Momenten werden wir nicht plötzlich von Hunger oder Müdigkeit überfallen. Wir werden auch nicht in Erwägung ziehen, das große Einmaleins aufzusagen oder die Nationalhymne zu singen. Unsere Amygdala sorgt dafür, dass sich unsere Aufmerksamkeit ausschließlich auf die gefährliche Situation und nur die konzentriert. Und unser Körper verleiht uns ungeahnte Kräfte, um zu fliehen, sich »tot zu stellen« oder zu kämpfen. Im Vergleich zu den anderen Zentren des Gehirns ist die Amygdala wie das Mäxchen im gleichnamigen Würfelspiel. Trumpf und »abgeräumt«.

Betrachten wir die Menschheitsgeschichte, hat die Amygdala maßgeblich zu unserem Fortbestand beigetragen. Wir alle sind die Nachkommen von Menschen, deren Reaktionsvermögen auf das kleinste Rascheln im Gebüsch den Ausschlag über Leben und Tod gab. Die Amygdala ist unentwegt in Alarmbereitschaft. So war es damals und so ist es auch heute noch.

Wenn die Amygdala »abräumt«, gleicht das einer »Kaperung«. Die Amygdala kapert unser Gehirn. Die Gehirnzentren befinden sich in einem permanenten Kampf um die zur Verfügung stehenden Ressourcen und um die Energie. Es ist eine Entweder-oder-Situation: Es gibt nur das, was es gibt, und darum wird sich gekloppt. Das ist auch eine Seite der Wirklichkeit unseres Gehirns. Aber die Amygdala ist richtig schnell, meistens als Erste da und schnappt den anderen Gehirnzentren die Energie weg.

Das ist gleichzeitig sehr clever und auch unglaublich kontraproduktiv. Clever, weil sie so unser Überleben sichert. Denn bei der Begegnung mit einem bissigen Hund oder einem Bären sollten bitte alle anderen Prioritäten in den Hintergrund treten, die wir sonst noch gehabt hätten. Kontraproduktiv, weil der Amygdala-Alarm auch in Situationen ausgelöst wird, die nur gefährlich *aussehen,* und er dadurch die Fähigkeit hemmt, etwas Neues zu lernen, zu analysieren, die Information zu bearbeiten und kreativ damit umzugehen.

DIE SYMBOLISCHEN BÄREN

Die Amygdala wird aktiviert, wenn wir einer *physischen Gefahr* gegenüberstehen: beispielsweise einem schnell fahrenden Auto auf einer Straße, die wir überqueren wollen. Aber sie reagiert auch auf eine *symbolische Gefahr*. Für einige von uns kann eine solche symbolische Gefahr darin bestehen, eine Prüfung zu absolvieren, sich Veränderungen zu stellen, einem »persönlichen« Angriff ausgeliefert zu sein, ein wichtiges Gespräch mit dem Chef zu führen, neue Menschen kennenzulernen oder eine neue Aufgabe zu bewältigen.

Befragt man die Menschen quer über den Globus, wovor sie sich am meisten fürchten, verdrängt »Reden vor Publikum« sogar die »Angst vor dem Tod«. Jedes Setting mit Publikum hat also bei den meisten das Potential, an einen großen, gefährlichen Bären zu erinnern.

Bei einem meiner Vorträge fragte ich ins Publikum, was denn alles die Amygdala triggern könnte. Ein Kaugummi kauender Junge mit umgedrehtem Käppi meldete sich: »Ein Polizist!« Mir geht das immer mit Kontrolleuren in der Bahn so. Ganz gleich, wie ordnungsgemäß ich mit Tickets ausgestattet bin, schlägt meine Amygdala Alarm, weil sie sich an die Situation vor etwa 15 Jahren erinnert, als ich mal vergessen hatte, zu stempeln ...

Was wir im Alltag als Gefahr ansehen, ist vielseitig und zum Teil sehr unterschiedlich. Außerdem kann es sich im Laufe der Zeit verändern. Jeder fünfte Mensch hat eine Amygdala, die in passenden und unpassenden Situationen mit ihm durchgeht. Die Amygdala ist äußerst plastisch, was so viel bedeutet wie formbar und wandelbar. Negativer Stress bei einer Geburt überträgt sich auf die Amygdala des Kindes: Es wird mit einer bereits hyperaktiven Amygdala geboren, ist unsicherer, empfindsamer und unausgeglichener als andere Kinder. Die Amygdala kann sogar auf die doppelte Größe wachsen, wenn der Mensch über längere Zeit großem Stress und Druck ausgesetzt ist.

Die Plastizität der Amygdala hat aber auch eine gute Seite. Sie lässt sich nämlich umcodieren, um aus vormals bedrohlichen oder auch wutauslösenden Situationen motivierende, spannende, ja sogar lustige zu machen. Die Voraussetzung für so eine Umcodierung ist jedoch, dass wir die Spielregeln des Gehirns kennen und sie zu unserem Vorteil nutzen können.

WENN DIE AMYGDALA UNSER GEHIRN KAPERT

So eine Kaperung zeigt sich im Alltag, wenn uns zum Beispiel Wut, Traurigkeit, Angst, Nervosität, Ohnmacht oder Widerstand überkommt. Tritt das ein, wird unser Verhalten in der Regel sehr vorhersehbar. Wir sagen die gleichen Dinge, verwenden die gleichen Worte, empfinden die gleichen frustrierenden Gefühle, die wir schon kennen. Wir wiederholen also Verhaltens- und Gefühlsmuster, als hätte sie uns jemand auf ein Blatt Papier geschrieben und wir würden sie gegen Bezahlung ausführen.

Die Amygdala hat eine Reaktionszeit von 80 Millisekunden. Wir begreifen aber erst nach etwa 250 Millisekunden, dass unsere Amygdala in die Luft gegangen ist. Dazwischen bleibt der Amygdala also ausreichend Zeit, unser Gehirn zu kapern. Und sie behält solange die »Macht«, wie es ihr wichtig erscheint. Oder bis wir sie aktiv beschwichtigen und wieder beruhigen konnten. Besonders in Hinblick auf die symbolischen Gefahren ist Letzteres von großer Bedeutung. Wenn wir eine erhöhte Amygdala-Aktivität bemerken – oder entdecken, dass wir gekapert wurden – haben wir die Wahl: Wollen wir den Weg nehmen, den uns die Amygdala vorgibt, oder ändern wir die Richtung und nehmen einen Weg, der ihre Aktivität dämpfen könnte?

Deine Amygdala kann dein Gehirn kapern, und wenn sie das tut, legt das die anderen Gehirnzentren lahm.

Jedes Mal, wenn wir uns auf die Kaperung einlassen und »mitmachen« – das gilt für Erwachsene wie Kinder – stärken wir dieses eine Verhaltensmuster in unserem Repertoire. Das formuliere ich gleich noch einmal anders: Mit jeder Kaperung, die du duldest – ohne die Möglichkeit zu ergreifen, einen anderen Weg zu nehmen – erhöhst du die Wahrscheinlichkeit, dass es wieder zu einer Kaperung kommt, wenn du erneut in eine ähnliche Situation gerätst und du dann wieder identisch fühlst und reagierst.

Bei jedem Wutausbruch – weil sich die anderen Verkehrsteilnehmer nicht so verhalten, wie du es tun würdest oder deine Kinder nicht das tun, worum du sie gebeten hast – unterstützen wir die Wahrscheinlichkeit, bei einer zukünftigen, ähnlichen Situation ebenfalls mit Wut zu reagieren. Wir befinden uns sozusagen die ganze Zeit in einer langen Generalprobe für unser zukünftiges Verhalten. Und mit jeder Kaperung bahnen wir den Weg für die nächste.

Eine Teilnehmerin eines meiner Workshops kommentierte das ganz verdutzt: »Ja, aber ich dachte, ich mache mir Luft, wenn ich zwischendurch mal total ausflippe!« Davon gehen viele aus. So kann sich das ja auch anfühlen. Aber es ist tatsächlich gar nicht brainsmart, wenn es zur Gewohnheit wird, sich auf diese Weise Luft zu verschaffen.

Unsere Kultur ist von der freudianischen Gedankenwelt geprägt. Aber die moderne Hirnforschung hat Freud in einigen Punkten widerlegt, unter anderem bei dem Missverständnis, dass die Wut verschwindet, wenn man sie rauslässt. Heute sind wir vom Gegenteil überzeugt: Die Wut ungehindert ausbrechen zu lassen, ist wie Benzin aufs Feuer zu gießen. Wenn man sich wütend verhält, wird man nur noch wütender. Die Wutfurchen auf dem Acker werden nur tiefer und tiefer.

Mit jeder Kaperung durch die Amygdala steigt die Wahrscheinlichkeit, dass du beim nächsten Mal identisch reagierst.

Wenn man sich hingegen ruhig verhält, breitet sich diese Ruhe im ganzen Körper aus. Aber wie verhält man sich ruhig? Auf jeden Fall nicht, indem man sich dazu zwingt, ganz ruhig zu sein. Voraussetzung ist, dass man diesen Zustand der Ruhe kennt, um ihn im Körper nachspüren zu können. Ein ruhiger Mensch atmet tief, gleichmäßig und ruhig. Der Bauch unterhalb des Nabels wölbt sich nach außen und wird eingezogen. Ein ruhiger Mensch hat genügend Abstand zu seinen Gedanken (im Gegensatz zu einem »gestressten Durcheinander von Gedanken«). Ein ruhiger Mensch führt innere Dialoge, die freundlich, aufmunternd und motivierend sind. Ein ruhiger Mensch kann seine Muskeln entspannen, zum Beispiel die Kieferpartie, die Arme und Hände.

Ein Vater erzählte mir, wie er sein Reaktionsmuster auf die Wutausbrüche seines Sohnes fundamental geändert hat. Früher kam es durchaus vor, dass er seinem Sohn in solchen Situationen sagte: »Geh in den Garten und tritt meinetwegen gegen das Klettergerüst.« Als ihm aber bewusst wurde, dass sein Sohn dadurch nur trainierte, seine Wut mit Tritten zum Ausdruck zu bringen und »Wut« und »Treten« zu verknüpfen, und so neue Wut entstand, änderte er seine Strategie. Vater und Sohn begannen, die innere Ruhe als Strategie gegen Wut zu trainieren. Geübt wurde nur, wenn der Sohn ausgeglichen war (ein Zustand, der sich am besten eignet, um Neues zu lernen). Sie wandten die neue Strategie immer dann an, wenn der Sohn (oder der Vater) wütend wurde.

Es macht also Sinn, herauszufinden, wann deine Amygdala aktiv ist:

- Wann fängt sie an, aktiv zu werden?
- Wann ist sie sehr aktiv?
- Wann kapert sie dein Gehirn?

Die Amygdala bremst unsere Fähigkeit zu lernen aus und lässt uns im Extremfall »außer uns« sein. Sie kanalisiert relevante Energie, um das Überleben zu sichern. Alles andere ist zweitrangig. In den folgenden Kapiteln sehen wir uns ein paar Beispiele an, die sich hervorragend eignen, um die Amygdala in Alarmbereitschaft zu versetzen. Ich nenne sie die »Amygdala-Trigger«. Diese Trigger sind nicht allgemeingültig. Was die Alarmglocke bei dem einen in den roten Bereich treibt, ist für einen anderen eine leicht zu bewältigende Alltagssituation. Das ist individuell und lässt sich nicht in eine Formel packen. Außerdem kann es sich auch laufend ändern.

Dennoch gibt es Situationen, die die Amygdala oft - und in breiten Teilen der (kindlichen) Bevölkerung - in allerhöchste Alarmbereitschaft versetzen.

Die sieben wichtigsten stelle ich in den nächsten Kapiteln vor.

7

DIE WICHTIGSTEN AMYGDALA-TRIGGER

Wir Menschen sind uns des aktuellen Status permanent bewusst. Wir besitzen sozusagen einen eingebauten Statusradar: »Wo stehe ich statusmäßig: über oder unter den anderen? Besteht die Gefahr eines Gesichtsverlustes?« Diese andauernde Kontrolle der Statusunterschiede kann eine Menge Ressourcen in unserem Gehirn in Anspruch nehmen.

Obwohl wir in Dänemark relativ geringe Statusunterschiede vorfinden – in wirtschaftlicher und sozialer Hinsicht – gibt es sie natürlich in bestimmten Konstellationen:

- Chef und Mitarbeiter
- Eltern und Kind
- Lehrer und Schüler

Das eine sind die Statusunterschiede, die sich aus den Rollen ergeben, die wir in bestimmten Situationen haben oder einnehmen. Etwas anderes – und mindestens genauso wichtig – sind Situationen und Verhältnisse, die blitzschnell zu einer massiven Bedrohung des eigenen Status und zu Gesichtsverlust führen können.

Auch bei Kindern trifft man das an:

»Mein Auto ist viel toller als deins.«

PANG! AUA!

»Wir waren vor dir da!«

PANG! AUA!

Oder die Aussage eines Mädchens im Klassenrat über ihre beste Freundin: »Ich finde es schwer, Tilde die ganze Zeit zu sagen, dass ich nicht mit ihr spielen will.«

PANGPANGPANG! AUAAA!!

Aber auch in der Beziehung von Erwachsenen und Kindern sind diese Statusbedrohungen an der Tagesordnung. Der Leiter einer Kindertagesstätte begrüßt eine Dreijährige: »Guten Morgen, Alberta.« Alberta dreht sich weg und versteckt sich hinter dem Bein ihres Vaters. Woraufhin der Leiter – der durch das Verhalten des Kindes einen Gesichtsverlust befürchtet – fragt: »Du bist wohl sehr schüchtern?«, was bei dem Kind zu noch größerer Schüchternheit führt. Die Angst vor einem Gesichtsverlust bei dem Erwachsenen hat in dieser Situation blitzschnell zu einer Statusbedrohung des Kindes geführt. Ein Kind muss solche »unschuldigen« Kommentare – *Du bist wohl sehr schüchtern?* – übrigens gar nicht so oft hören, bis sich in ihm die Überzeugung etabliert, dass es ein »schüchternes Kind« ist, was eine sich selbst verstärkende Wirkung hat.

Achten wir mal bewusst auf die Statusbedrohungen, die unentwegt durch die Luft schwirren – meistens sind ihre Verursacher ganz unwissend. Und überprüfen wir uns selbst, ob unsere Aussagen nicht so umformuliert werden könnten, dass sie weniger bedrohlich sind. Muss der kleine William im Kindergarten unbedingt vor versammelter Mannschaft zurechtgewiesen werden und sein Gesicht verlieren? Wenn sich Olivia extra viel Sahne auf den Kuchen macht, muss das sofort vor der Familie oder Gruppe kommentiert werden? Wenn wir einem Kind etwas sagen, verwenden wir dann eine Status bestärkende Sprache oder eine Status beschädigende?

Solche Statusbedrohungen haben die Eigenschaften, sich wie Ringe im Wasser auszubreiten:

- Kind A will nicht mit Kind B spielen.
- Kind B beschäftigt sich mit etwas anderem und schlägt kurz darauf Kind C mit der Schaufel.
- Daraufhin geht Kind C zu Kind D und sagt zu ihm, dass es ein hässliches Kleid anhabe, da sei nicht mal Glitzer drauf.
- Kind D wiederum ... usw.

Neueste Forschungen haben ergeben, dass eine schlechte Behandlung, also ein negatives Erlebnis, wesentlich ansteckender ist als eine gute Erfahrung. Wird eine Person beispielsweise in ihrem Status gekränkt, ist die Wahrscheinlichkeit sehr groß, dass sie kurz darauf auch ihrerseits das Bedürfnis verspürt, jemanden zu kränken. Die Wahrscheinlichkeit, dass sich ein positives Miteinander in sozialen Kreisen verbreitet, ist geringer als die, dass sich negatives und schlechtes Verhalten verbreitet. Letzteres ist einfach ansteckender. Das macht die Fähigkeit, eine solche schlechte Behandlung durch andere gefühlsmäßig »zu verkraften« und sich davon zu erholen, zu einer ganz wichtigen Kompetenz, um die negative Kettenreaktion zu durchbrechen, die sich sonst rasend schnell ausbreiten kann – sei es im Kindergarten, in der Familie oder wo auch immer.

Wenn wir begreifen, wie schlechte Behandlung und Statusbedrohungen durch unser soziales System »wandern«, wird schnell klar, dass die Resilienz des Einzelnen nicht nur für das Individuum von großer Bedeutung ist, sondern auch für die gesamte Gruppe und ihr Wohlbefinden. Ein resilientes Kind oder ein resilienter Erwachsener, die nach einer Herausforderung wieder ihre innere Balance finden, können dann nämlich die Ansteckungsgefahr verhindern.

Resilienz – die Fähigkeit, eine Krise emotional zu verkraften – ist elementar, um negative Reaktionsmuster zu durchbrechen.

Neue, konstruktive Kettenreaktionen entstehen zu lassen ist eine aktive Wahl. Jeden Tag. Eltern begegnen dieser Herausforderung, wenn sie ihrem Kind dabei helfen, seinen Status nach einem schwierigen Erlebnis wiederherzustellen. Zum Beispiel nach einer Zurechtweisung. Wir tun es dem Kind zuliebe. Aber eben auch – und das wissen wir jetzt – dem sozialen Umfeld zuliebe. Ich werde später noch auf zwei Methoden näher eingehen, die beide dieses Ziel haben. Wenn wir einem Kind dabei helfen wollen, etwas zu »verkraften«, können wir immer wieder auf Humor zurückgreifen. Und auf unsere Bereitschaft, unseren eigenen sozialen Status zu senken und den des Kindes zu steigern. Wie man das macht?

Über Königin Victoria von Großbritannien wird eine Geschichte von einem Abendessen im Kreise von Botschaftern erzählt. Einer der Geladenen hatte sich offenbar nicht über die Etikette am königlichen Hofe belesen, denn als ihm eine Schale gereicht wurde, in der man sich die Finger zwischen den einzelnen Gängen waschen konnte, griff er danach und trank sie aus. Königin Victoria erkannte sofort den drohenden Gesichtsverlust des Botschafters und handelte. Sie griff ebenfalls nach ihrer Schale und trank daraus. Das hat ohne Zweifel zu erstauntem Raunen in der Runde der Gäste geführt, die sich nun alle gezwungen sahen, es der Königin gleich zu tun (während sie innerlich fluchten, wenn ihr Wasser bereits dreckig geworden war, bevor Victoria den resoluten Entschluss gefasst hatte).

Wie können wir unseren Blick trainieren, wenn eine solche Statusbedrohung unserem Kind den Boden unter den Füßen wegziehen kann? Und wie können wir helfen, indem wir entweder den Status des Bedrohten steigern oder unseren eigenen vorübergehend senken?

Eine wichtige Erkenntnis habe ich einem Vater zu verdanken, der in einem der Workshops sagte, dass so eine Kaperung durch die Amygdala ja schon ausreicht, um sein Gesicht und seinen Status zu verlieren. Wenn ein Kind vor seiner Klasse oder einer Gruppe die Kontrolle verliert, ist das quasi gleichzusetzen mit einem Gesichtsverlust. Unser Verhalten in diesen entscheidenden Sekunden kann ausschlaggebend sein, wie sich die Situation weiterentwickelt. Gelingt es uns, dem Kind durch Reden und Handeln die Möglichkeit zu geben, einen Strich unter die Geschichte zu ziehen und weiterzumachen? Oder tragen wir dazu bei, dass die Kaperung noch schlimmere Ausmaße annimmt?

Eine Kaperung durch die Amygdala kann zu Gesichtsverlust führen.

In Kapitel 13 untersuchen wir genauer, was wir Erwachsenen in solchen Situationen machen können, in denen die Amygdala rot sieht. Vorher will ich den Amygdala-Trigger vorstellen, den ich für uns Eltern am wichtigsten finde: Befehle und ungebetene Ratschläge.

BEFEHLE UND UNGEBETENE RATSCHLÄGE

Was geschieht in unseren Gehirnen, wenn uns ein Befehl gegeben wird? Wenn uns jemand diktiert, was wir zu tun haben? Oder wir einen »guten Rat« bekommen, um den wir nicht gebeten haben?

Wenn wir in einem westlichen Kulturkreis aufgewachsen sind, lösen Befehle wahrscheinlich Widerstand in uns aus. Sie aktivieren ein Zentrum im Gehirn, das die Forscher das »Fehlermeldezentrum« nennen. Wenn das aktiviert wird, suchen wir nach Schwächen, Fehlern und Mängeln in den ungebetenen Ratschlägen und Befehlen, die wir erhalten haben. Wir suchen nach guten Gründen, ihnen nicht zu gehorchen.

In den asiatischen Kulturen ist es meistens genau andersherum. Hier wächst man mit Befehlen auf und ist auch in beruflichen Zusammenhängen gewohnt, Befehle zu erhalten und sie zu befolgen. Dort würde die Amygdala rot sehen, wenn plötzlich selbstständiges Denken bei der Suche nach Lösungen und Antworten eingefordert werden würde. Diese Erfahrung haben viele skandinavische Unternehmer gemacht, die es beruflich nach Asien zog. Am Anfang haben sie vielleicht noch versucht, skandinavische Elemente der Unternehmenskultur einzuführen, mussten aber meist schnell erkennen, dass es den gegensätzlichen Effekt hatte: Große Verunsicherung. Die Amygdala der Mitarbeiter sah rot, weil sie die Beteiligung an der Lösungsfindung überforderte.

Der kulturelle Kontext ist entscheidend bei der Bewertung der Situationen, in denen die Amygdala reagiert. In der westlichen Kultur ist es oft so, dass wir denjenigen, dem wir sagen, was er zu tun hat, schnell zum Suchen von Fehlern animieren und währenddessen fährt er seine gesamte Verteidigungsmaschinerie auf. Er wird zum Gegenspieler statt zum Mitspieler.

In ihren ersten Lebensjahren sind Kinder Befehlen und Ratschlägen gegenüber offen. Aber bald schon haben auch sie ein gut entwickeltes »Fehlermeldezentrum« eingerichtet. Meine Jüngste hatte es schon mit vier Jahren. Wenn ich ihr zum Beispiel sagte: »Iss den Brokkoli mal zuerst«, aß sie unter Garantie die Tomaten zuerst. Erkennst du das von deinen Kindern wieder?

Viele Eltern von Teenagern nicken in der Regel zustimmend, wenn ich diesen Amygdala-Trigger vorstelle. Sie hören sich die immer gleichen, guten Ratschläge aufsagen. Aber zeigen sie Wirkung? Werden sie von den Jugendlichen umgesetzt? Selten. Nur, wenn ausdrücklich um Rat gebeten wurde. Jugendliche können nicht die Erfahrungen anderer übernehmen. Sie müssen ihre eigenen machen.

Es ist auf jeden Fall eine gute Idee, sich als Eltern brainsmarte Verhaltensmuster anzueignen, bevor die Kinder in ein Alter kommen, in dem sie Befehle und ungebetene Ratschläge kategorisch ablehnen. Dann haben wir nämlich schon Alternativen gefunden, wenn die Wirklichkeit und Entwicklung des Kindes uns einholt. Und wir haben – wie ein chinesisches Sprichwort sagt – den Brunnen gebohrt, bevor wir durstig werden.

Mette, Mutter von vier Kindern, wurde eines Tages bewusst, mit wie vielen »guten Ratschlägen« sie ihre Kinder immerzu bombardierte. Besonders Tochter Lise – im besten Teenageralter – war häufig unter Beschuss. Lise fühlte sich zu dem Zeitpunkt nicht wohl in der Schule. Lise hatte den Drang, in allen Fächern die Beste zu sein, was sie von ihren Mitschülern distanzierte.

Eines Tages hatte Mette ein Aha-Erlebnis. Eines von den ganz großen. Ihr wurde klar, wie viel Raum sie mit ihren guten Ratschlägen und Meinungen zu allem und jedem einnahm und wie wenig Raum sie ihren Kindern dadurch ließ. »Ich habe immer auf alles eine Antwort«, sagte sie mir. Da beschloss sie, sich total zurückzunehmen und nur noch ihre »ehrliche Meinung« und einen »guten Ratschlag« von sich zu geben, wenn es wirklich wichtig war. Sie wollte ihren Kindern den Raum geben, um eigene Urteile und Meinungen zu entwickeln.

Schon nach 14 Tagen spürte sie einen Effekt. Lise lächelte wieder häufiger, zog sich anders an und erzählte viel öfter von der Schule.

Ganz allmählich legte Lise ihren harten Panzer ab. Als würde sie nicht mehr die Stärkste sein müssen, weil ICH nicht mehr hart wie Stahl war. Ich würde sogar so weit gehen zu sagen, dass diese kleine Veränderung in meinem Verhalten uns in den Jahren der Pubertät gerettet hat.

Die Kunst, Eltern zu sein, liegt darin, zum einen eine natürliche Autorität zu sein und im Alltag die Führung und Verantwortung zu übernehmen (dazu gehören auch Anweisungen, falls notwendig), und zum anderen, das Gehirn seines Kindes zu kreativer Eigenleistung anzuregen. Damit es »mitdribbeln« kann und beim Finden von Antworten und Lösungen für den Alltag beteiligt wird.

Wann sollten wir selbst bestimmen und wann sollten wir die Kinder miteinbeziehen? Da gibt es kein Entweder-oder, sondern nur ein Sowohl-als-auch. Es ist die Kunst, zwischen den verschiedenen Rollen hin und her zu pendeln und sein möglichst breites Repertoire flexibel einzusetzen. In Kapitel 16 habe ich ein paar Ideen aufgeschrieben, wie man diesen Wechsel zwischen klarer Autorität und Kontakt auf Augenhöhe hinbekommen kann.

ZU GROSSE AUFGABEN LÄHMEN DAS GEHIRN

Zwei Konstellationen im Alltag, die unsere Amygdala triggern können, habe ich schon vorgestellt: Statusbedrohungen und Gesichtsverlust sowie Befehle und ungebetene Ratschläge. Jetzt kommen zwei weitere dazu. Das sind »zu große Aufgaben und Ziele« sowie der »Zukunftsnebel«. Sie beide führen dazu, dass unser Gehirn rot sieht und unsere Frontallappen – und somit unser Denkvermögen – kurzzeitig ausgeschaltet werden.

Bitte ein Kind darum, eine so einfache Aufgabe wie ›Zimmer aufräumen‹ zu lösen. Was geschieht? Sehr wahrscheinlich gar nichts, denn diese Aufgabe ist unüberschaubar groß.

Gib einem Teenager Feedback zu einer Hausaufgabe und hebe vor allem hervor, was nicht gut gelöst wurde, – ohne Hinweise zu geben, welche Teile gut gelungen sind oder wie er die Aufgabe stattdessen hätte lösen können – und der Jugendliche wird in einem Zukunftsnebel versinken. Wie geht es weiter, wo geht es lang?

Ein Vater erzählte mir von seiner achtjährigen Tochter Melanie, die kurz vor Beginn der Turn-AG plötzlich total blockierte. Sie hatte gehört, dass man dort Rad schlagen muss, und gedacht, sie müsste es bereits können. Aber sie konnte es noch nicht und darum sah ihre Amygdala rot. Sie wollte nicht zum Turnen gehen. Zum Glück gelang es dem Vater, dem Gehirn seiner Tochter Sicherheit zu geben und gute, begehbare Wege aufzuzeigen.

Der siebenjährige Erik hatte bei den Pfadfindern angefangen und liebte es, seine Uniform zu tragen und im Kreise von Freunden die Natur zu erkunden. Als aber die erste Übernachtung im Zelt anstand, legte er den Rückwärtsgang ein. Er wollte zwar gerne auf Abenteuertour, aber die Vorstellung von Zelt und Schlafsack lösten in ihm Panik aus. Eriks Eltern begriffen, dass die bevorstehende Aufgabe zu groß für ihn war. Darum dachten sie sich in der Woche vor der Reise etwas Brainsmartes aus. Sie schliefen alle in Schlafsäcken, jede Nacht und kurz vorher sogar in einem »Zelt« unterm Küchentisch. Danach war Erik bereit, den nächsten Schritt zu wagen. Sein Gehirn hatte die Möglichkeit gehabt, mehrere Generalproben durchzuspielen. Und er war nun so was von bereit für die Pfadfindertour!

Wenn etwas zu überwältigend, unüberschaubar oder diffus ist, muss das Gehirn sich erst wieder sicher fühlen können.

Auch wir Erwachsenen reagieren empfindlich auf zu große Ziele. Lena erzählte, dass ihre Teenager-Tochter Sarah herausgefunden hat, wie sie das zu ihren Gunsten nutzen kann. »Mama, am Samstag steigt eine Megaparty, aber ich weiß noch nicht, ob ich da hin will!«, sagte sie dann immer am Anfang der Woche. Um ein paar Tage später – nachdem ihre Mutter sich ausreichend Gedanken über die Megaparty gemacht hatte – die Gewinnerfrage zu stellen: »Mama, darf ich statt auf die Megaparty auf eine kleine Party gehen?« Natürlich hat ihre Mutter das immer erlaubt!

IM ZUKUNFTSNEBEL

Der Zukunftsnebel ist der Bruder der zu großen Ziele und Aufgaben. Wir sollten daran denken, die Zukunft unserer Kinder erreichbar, erfahrbar und attraktiv zu machen, vor allem in Übergangsphasen.

Welche Übergänge ich damit meine? Windelfrei werden zum Beispiel. Der Wechsel von der Krippe in den Kindergarten. Jemanden zu verlieren, den man gerne hat. Neues zu lernen. Die Scheidung der Eltern. Schulstart. Umzug, usw.

Du erinnerst dich, dass unser Gehirn die Wege vor sich sehen muss, die es begehen soll?

- Wenn das Gehirn keinen Weg sieht, wird es ihn auch nicht wählen.
- Und wenn das Gehirn zwar einen Weg sieht, dieser aber weder attraktiv noch erfolgversprechend erscheint, wird es sich dort nur langsam, widerstrebend und schleppend entlang bewegen.

Wir haben als Familie in den vergangenen Jahren einige größere Übergänge bewältigen müssen. In den Jahren 2008 bis 2013 sind wir vier Mal umgezogen - von Dänemark ins Ausland und wieder zurück. Im Rückblick erscheint das irre viel, aber ich kann sagen, dass jeder Umzug in Harmonie vor sich ging und geprägt war von großer Neugierde auf das Neue (und natürlich mit viel Arbeit verbunden war, puh!). Ich bin davon überzeugt, dass unser Umgang mit einem drohenden Zukunftsnebel der Schlüssel zum Erfolg war.

Besonders bei den letzten Umzügen hatte ich immer ein klares Negativ- und ein Positiv-Ziel vor Augen, weil unsere Jüngsten ein bestimmtes Alter erreicht hatten:

- Ich wollte den *Zukunftsnebel* verhindern, der die Angst der Kinder hochschaukeln kann, weil sie Bekanntes verlieren. Wenn das Kind keinen Weg sieht, den es nehmen kann, wird es immer den Blick in die Vergangenheit wenden.
- Und ich wollte »das Neue« mit dem Attribut *»Geborgenheit«* versehen, indem ich ihnen emotionale Erlebnisse und viele Bilder anbot, zu denen sie sich ganz konkret verhalten konnten.

Der Zukunftsnebel hebt die Dinge hervor, die auf dem Spiel stehen, statt jene, die es zu gewinnen gibt. Natürlich darf das so sein, solange die Zukunft unklar ist. Darum haben wir dem Gehirn bei diesen Übergängen dabei geholfen, sich zu Hause fühlen zu können, indem wir »das neue Leben« mit positiven Bildern besetzt haben, *bevor* wir den nächsten Umzug angekündigt haben. Wenn man Bilder und positive Ereignisse erst *nach* der Ankündigung anbietet, hat das Gehirn wahrscheinlich schon den Rückwärtsgang eingelegt. Und es wird schwerer – wesentlich schwerer –, es in die Vorwärtsbewegung zurückzuholen.

Als uns im Mai 2013 bevorstand, den Umzug zurück nach Dänemark zu verkünden, waren die Jüngsten sechs und drei Jahre alt. Den positiv besetzten Bildern und Positiv-Gefühlen haben wir folgendermaßen den Boden bereitet:

Während eines Besuches in Dänemark machten wir einen kleinen Ausflug in ein Waldgebiet in der Nähe des Hauses, das wir gerade gekauft hatten. In der Abendsonne liefen wir barfuß durch das Wasser und machten ein Picknick auf einem kleinen Sandhang am See. Wir genossen es, einfach dort zu sitzen, und unterhielten uns darüber, wie toll es ist, mit den Füßen ins Wasser gehen zu können. Wir beobachteten den Farbwechsel am Himmel und ließen den Blick zu den Häusern wandern, die am See lagen. Die Leute, die dort wohnen, konnten so oft sie wollten in den See springen und baden.

Nach einer Weile setzte ich mich neben meine Mädchen und

fragte sie: »Wäre das nicht schön, wenn wir auch in so einem Haus wohnen könnten?«

»Jaaaa!«, antworteten sie im Chor.

»Das finden Papa und ich auch. Darum haben wir eines der Häuser dort oben gekauft. Genau das dort. Dort werden wir wohnen: ganz in der Nähe von den Omas und Opas und euren großen Geschwistern. Und mitten in der Natur!«

Die Mädchen brachen in Begeisterung aus und die Jüngste rief: »Jippi! Wir wohnen in einem Haus, das dänisch sprechen kann!«

Ihre Gehirne begannen sofort, sich vorzustellen, wie sie in den See sprangen, die Sonnenuntergänge ansahen und mit den Menschen zusammen sein konnten, die sie lieben. Das alles gewürzt mit frischer Luft, grüner Natur und dem Gefühl von Freiheit. Diese Erfahrungen erleichterten ihnen nicht unbedingt den Abschied von ihren Freunden im Ausland – aber sie bildeten das Fundament für viele emotionale Nuancen.

Wir können unseren Kindern diese Übergänge im Leben sinnlich erfahrbar machen. Wir können – mit dem Wissen über die Spielregeln des Gehirns und frühzeitiges Handeln – ihre Gehirne auf die bevorstehenden Veränderungen vorbereiten. Der Schlüssel zum Gelingen liegt darin, ihnen konstruktive und attraktive Begegnungen mit dem Neuen zu ermöglichen, *bevor* die Veränderungen angekündigt werden. Denn so entstehen neue Wege im Gehirn, an die sie dann anknüpfen und für die sie sich sogar begeistern können. Dabei ist entscheidend, dass sich das Gehirn geborgen fühlt und Vertrauen hat, auf sicherem Grund steht. Damit der Abschied und die Menschen, die man hinter sich lassen muss – oder in Zukunft seltener sieht – nicht so erdrückend schwer wird, sondern »okay« ist. Dann kann sich das Gehirn zu Hause fühlen.

»Und was macht man, wenn ein Umzug nach China ansteht und man nicht mal eben dorthin fahren kann?«, fragte mich ein Elternteil. Hm, nicht ganz so einfach, aber es gibt viele Möglichkeiten, vorab positive Erlebnisse mit dem Neuen zu verknüpfen. Eine wäre zum Beispiel, in einem guten chinesischen Restaurant essen zu gehen und sich darüber zu unterhalten, wie spannend es ist, neue Kulturen kennenzulernen. Vielleicht kennen die Eltern auch einige der hervorragenden chinesischen Filme oder Kinderbücher, die in den letzten Jahren erschienen sind. Wählt den Zeitpunkt der Ankündigung sorgsam aus und unter Berücksichtigung der Gemütsverfassung des Kindes, nicht deiner eigenen Pläne.

Der erste Eindruck zählt, sagt man gerne bei neuen Kontakten. Das gilt natürlich auch für eine neue Lebensphase. Welche gedanklichen und emotionalen Muster werden gelegt, welchen Spuren folgen wir beim Eintritt in die Phase?

Die Vorstellungskraft stärkt die Gehirnzellen

Das Gehirn macht keinen Unterschied zwischen dem, was wir TUN, und dem, was wir uns VORSTELLEN. Es werden dabei die identischen Zentren aktiviert. Für unser Gehirn ist folglich die Simulation und das Handeln im Großen und Ganzen das Gleiche.

Bei einem Experiment mit Pianisten stellte sich heraus, dass sie ihre Fingerkraft durch bestimmtes Training um 30 Prozent erhöhen konnten. Eine Steigerungsquote von 22 Prozent erreichten sie, wenn sie sich diese Übungen nur vorstellten. Natürlich gibt es einen kategorischen Unterschied zwischen einem konkreten Training und der bloßen Vorstellung. Aber sehr auffällig ist doch, wie gering dieser Unterschied ausfällt.

Wenn dein Arm eingegipst ist und du imaginäre Übungen machst, verringerst du den Muskelschwund um 50 Prozent – im Vergleich zu Menschen, die den Arm stillhalten. Außerdem erlangst du, nachdem der Gips abgenommen wurde, deine ursprüngliche Muskelkapazität wesentlich schneller zurück. Die Macht der Gedanken bleibt überraschend und faszinierend.

Wenn das Ziel lautet, Muskeln zu bekommen und stärker zu werden, dann ist es selbstverständlich besser, im Fitnesscenter echte Gewichte zu heben, statt sich das nur *vorzustellen*. Aber Untersuchungen haben gezeigt, dass man bei der bloßen Vorstellung (im Vergleich zu der »echten« Situation) bis zu 30 % des Fetts verbrennt, das bei einem realen Training verloren würde. Du spannst symbolisch die betreffenden Muskelgruppen an, als würdest du tatsächlich Gewichte stemmen – mit Hilfe deiner Vorstellungskraft.

Emotionales Erleben und reiche, innere Bilder lösen den Zukunftsnebel auf und dämpfen die Amygdala.

Die Vorstellungskraft allein steuert also die Gehirnzellen und die Verbindungen untereinander. Das setzt allerdings voraus, dass du die Fertigkeit vorher schon kanntest. Du lernst nicht durch bloße Vorstellungskraft Klavier spielen, wenn du es vorher noch nie getan hast. Obwohl das ziemlich klasse wäre.

Die Grundlage dafür sind dieselben Mechanismen, die greifen, wenn wir den Zukunftsnebel durch das Erzeugen von inneren Bildern und emotionalem Erleben verringern. Unser Gehirn kann das. Wir müssen nur diese Mechanismen in unserem Alltag einsetzen.

Zu bemerken, ob sich der Zukunftsnebel gerade senkt, ist nicht nur bei großen Übergängen wichtig, sondern auch beim Aufbau neuer Kompetenzen. Können wir uns in ausreichendem Maße mit der Aktivität verbinden, mit der wir gerade beschäftigt sind oder uns beschäftigen wollen?

Mein Bonussohn Magnus kann das sehr schön auf den Punkt bringen. In Sachen Mit-dem-Fußball-Jonglieren ist er ein echter King und kann den Ball richtig lang hochhalten, über 4000 Mal. Ich schaffe nicht einmal 10 Mal, obwohl mir am Anfang laut verkündet wurde, dass ich es auf jeden Fall bis 20 schaffen würde. Wie sagte er da so schön zu mir: »Es geht darum, den Sinn in dem zu sehen, was du machst. Es ist ja ziemlich sinnfrei, mit einem Ball zu jonglieren, wenn du nicht siehst, wozu du es gebrauchen kannst.« Das ist Zukunftsnebel – erklärt in Teenagersprache.

HERABLASSENDE MIKROSIGNALE

Die Amygdala hat viele Eigenschaften, die sehr bedeutsam sind, aber wusstest du, dass sie auch die Weltmeisterin in der Disziplin ist, blitzschnell den Gesichtsausdruck nach non-verbalen Informationen zu überprüfen? Diese Informationen nennt man auch »Mikrosignale«. Wenn du einen Gesichtsausdruck beispielsweise als wütend und bedrohlich empfindest, macht die Amygdala sofort Überstunden.

Wir senden täglich zwischen 2000 bis 4000 solcher Mikrosignale aus. Im Laufe eines ganz normalen Tages schicken wir tausende solcher Botschaften los und empfangen ähnlich viele. Einige der Mikrosignale unterstützen die Autorität der Menschen, mit denen wir in Kontakt stehen, spielen oder denen wir zuhören. Andere wiederum entkräften ihre Autorität, höhlen sie aus. Was aber sind denn nun unterstützende Mikrosignale? Das kann ein Lächeln sein, ein Nicken oder strahlende Augen. Und die entkräftenden? Das können rollende Augen sein, ein Gähnen oder eine gerunzelte Stirn.

Wenn wir diese Mikrosignale empfangen, gelangt die Information in unser Gehirn, ohne die verbalen Gehirnzentren zu durchqueren. Wir können das, was wir registrieren, in der Regel nicht in Worte fassen. Stattdessen empfangen wir Signale aus unserem Nervensystem, die das betreffende Gefühl in unserem Körper nachahmen. Das bedeutet, wenn du das Bild eines verängstigten Menschen betrachtest und dein Gehirn dabei gescannt wird, entstehen Reaktionsmuster, die mit deinen Gefühlen so übereinstimmen, als ob du der Verängstigte gewesen wärst. Natürlich in einer etwas abgeschwächten Version. Das machen die sogenannten Spiegelneuronen, die kopieren, was sie in der Umgebung sehen.

Wenn das Kind einen Gesichtsausdruck als wütend und bedrohlich empfindet, macht seine Amygdala sofort Überstunden.

Wenn dein Auftreten als wütend gedeutet wird, löst du in deinem Kind ebenfalls Unruhe und vielleicht sogar Wut aus. Den größten Erfolg haben Erwachsene – Eltern, aber auch Führungskräfte, – wenn sie ihre guten Absichten in Worte fassen. Indem sie zum Beispiel sagen: »Meine Intention ist es, dir zu helfen, damit du dich noch wohler fühlst.« oder »Es kann sein, dass du findest, ich hätte es nicht gut genug gemacht – aber mein Wunsch war ausschließlich, dir zu helfen.«

Wenn der andere versteht, was gemeint ist – und dann den Menschen und die Intention hinter dem Verhalten sehen kann – dann hat man die Möglichkeit eröffnet, dass sein Gehirn die Falte auf der Stirn als Zeichen von »Nachdenklichkeit« deutet und nicht als Anzeichen für »Kritik«. Die Amygdala ist die Hauptakteurin bei der Dekodierung der Mimik und das alles passiert im Bruchteil einer Sekunde. Für Menschen, die tagtäglich mit Teenagern zu tun haben – als Eltern oder bei der Arbeit –, ist die Information nicht unwichtig, dass Teenager in der Pubertät viel unpräziser in der Dekodierung der Mimik sind. Bis zu 20 Prozent! In der Praxis bedeutet das, dass sie den »besorgten Gesichtsausdruck« als »sauer« und den »fragenden Blick« als »Kritik« verstehen. Kommt das bekannt vor?

Die Mimik ist der Schlüssel zum Verständnis der Gefühle und Gemütszustände anderer Menschen. Darum verringert so etwas wie Botox auch unser Empathievermögen. Wir setzen unsere Mimik – unser ausdrucksstarkes Gesicht – ein, um den Ausdruck des anderen zu spiegeln und dessen Gefühle zu verstehen. Wir schlüpfen sozusagen in die Schuhe des anderen, um uns in seine Gefühle hineinzuversetzen. Indem wir den Gesichtsausdruck kopieren, erhalten wir Zugang zum Innenleben unseres Gegenübers. Forschungen haben gezeigt, dass dieses Vermögen schwindet, wenn die Gesichtszüge gelähmt sind.

Die Botoxwelle, die große Teile der Welt überschwemmt hat, birgt also nicht nur gesundheitliche Gefahren für das Individuum in sich. Sie kann auch weitreichende soziale Konsequenzen für unsere Fähigkeit haben, den Gemütszustand des anderen abzulesen und Verständnis und Mitgefühl zu zeigen.

Kinder von Eltern, die Botox verwenden, stehen vor einer besonders großen Herausforderung, da sich Säuglinge und Kleinkinder sehr an der Mimik ihrer Eltern orientieren. Um die Welt zu verstehen. Um zusammen zu spielen. Um sich gesehen und gehört zu fühlen. Ein Kind mit einem – oder sogar beiden – Elternteilen, die Botox benutzen, hat es weitaus schwerer, ihre Mimik zu lesen, weil Botoxgesichter undeutliche und verwirrende Signale senden und die Amygdala schnell in Alarmbereitschaft versetzt wird, wenn etwas undeutlich, verwirrend oder verunsichernd wirkt.

Botox im Gesicht verhindert eine ganze Menge. Dazu gehört auch Freude, echte, gelöste Freude. Forschungen belegen, dass Botox die Gefühlsamplituden der Benutzer hemmt. Man dämpft seine Freude, wenn man sein Gesicht nicht in fröhliche Lachfalten legen kann. Die Mimik ist der Geschmacksverstärker der Gefühle.

Botox wird erfolgreich in der Behandlung von Depressionen und bei Migräne eingesetzt, denn es verhindert, dass sich auf dem Gesicht deprimierende und Schmerzen hervorrufende Falten bilden. Botox wird auch für eine ganze Reihe anderer Erkrankungen benutzt, bei denen eine vorübergehende Lähmung der Gesichtsmuskeln sinnvoll ist.

Für einige sind das wichtige und helfende Erkenntnisse. Aber für diejenigen unter uns, die in der Beziehung zu anderen einen großen Wert sehen – und die ihren Kindern dabei helfen wollen, emotionale und soziale Kompetenzen zu entwickeln – ist Botox im wahrsten Sinne des Wortes Gift.

UNGERECHTIGKEIT UND SOZIALE AUSGRENZUNG

Der sechste Amygdala-Trigger ist die Ungerechtigkeit und soziale Ausgrenzung. Das Gefühl, dass es gerecht zugeht, ist sowohl für Tiere als auch für Menschen wichtig. Es ist in der Tat so wichtig, dass wir aus Protest gegen Ungerechtigkeit sogar auf etwas Wertvolles verzichten würden.

Ein Versuch mit Affen illustriert das sehr gut. Zwei Affen hatten die Aufgabe, einer Forscherin kleine Steine aus dem Käfig herauszureichen. Jedes Mal gab es eine kleine Belohnung: ein Stück Gurke. Die Affen konnten sich gegenseitig beobachten und lösten die Aufgabe hervorragend. Stein raus, Gurke rein. Frohe Affen.

Aber dann variierte die Forscherin den Versuchsaufbau. Von einem Augenblick auf den anderen änderte sie ihre Strategie. Der eine der beiden Affen erhielt eine Belohnung, die in der Hierarchie der Leckerbissen höher stand: eine Weintraube! Natürlich bemerkte das der andere Affe sofort. Der erhielt nach wie vor nur Gurke als Belohnung, während sein Kumpel Weintrauben bekam. Betrug! Der Affe mit den Gurken reagierte äußerst schnell auf die neuen Bedingungen. Zuerst bewarf er die Forscherin mit den Gurkenstücken. Dann begann er, an den Stäben des Käfigs zu rütteln, und am Ende verweigerte er die Annahme der Belohnung. Die Gurkenstücke, die kurz zuvor noch sehr attraktiv waren, hatten augenblicklich ihren Wert für den Affen verloren, weil der sich betrogen und ungerecht behandelt fühlte.

Experimente mit Tieren und Menschen haben gezeigt, dass wir auch Dinge ablehnen, die wir eigentlich gerne mögen, wenn wir uns betrogen fühlen. Die Zurückweisung ist unser Protest gegen die Ungerechtigkeit. Wir verzichten also mit anderen Worten lieber ganz auf etwas, als zuzusehen, wie ein anderer mehr bekommt, obwohl beiden Seiten dasselbe zustünde.

Ausgegrenzt zu werden ist so schmerzhaft wie ein Schlag auf den Kopf.

Gerechtigkeit ist ein großes Thema für Eltern. Gleichzeitig müssen wir natürlich auch festhalten, dass im Leben eines Kindes Gerechtigkeit der größte Gummiparagraf von allen ist. Denn Alexander ist schnell mit seiner Einschätzung zur Hand, dass John beim Mensch-ärgere-dich-nicht schummelt, obwohl der Erwachsene sehr wohl sehen kann, dass Alexander mit großem Eifer alle Regeln zu seinen Gunsten beugt. Gerechtigkeit liegt also immer im Auge des Betrachters.

Die soziale Ausgrenzung ist eine weitere Form von Ungerechtigkeit, mit der sich Forscher beschäftigt haben. Ausgegrenzt zu werden ist so schmerzhaft wie ein Schlag auf den Kopf. Es ist ein physischer Schmerz. Befragt man Kinder, geben sie häufig die soziale Ausgrenzung als das Schlimmste an. Nicht mitspielen zu dürfen. Nicht auf die tollen Partys eingeladen zu werden. Nur ein Minimum an »likes« bei Facebook zu bekommen. Soziale Ausgrenzung wird nicht nur als zutiefst ungerecht empfunden, sondern bedroht auch den Status und kann einen akuten Zukunftsnebel hervorrufen, der meistens von Mikrosignalen der Akteure begleitet wird, die schmerzvoll und verwirrend sind.

Die soziale Ausgrenzung ist die häufigste Form der »Bestrafung« von Kindern in Dänemark. Denn geschlagen werden unsere Kinder – selbstverständlich – nicht mehr, weder in Tageseinrichtungen, Schulen noch zu Hause. Aber was tun wir stattdessen?

- Schicken wir sie auf ihr Zimmer?
- Müssen sie in die Time-out-Zone oder vor die Tür?
- Schließen wir sie auf anderem Weg von der Gemeinschaft aus?

Ich frage mich, ob wir in ein paar Jahrzehnten nicht auch auf diese Praktiken der sozialen Ausgrenzung in der Kindererziehung zurückblicken und sie veraltet und unangemessen finden werden, so wie wir heute über die physische Bestrafung urteilen. *Die Antwort weiß ganz allein der Wind.*

GEFAHRENCHECK

Wir sind beim siebten und damit vorerst letzten Amygdala-Trigger angekommen. Erinnerst du dich noch an die ersten sechs? Statusbedrohung und Gesichtsverlust. Befehle und ungebetene Ratschläge. Zu große Aufgaben. Zukunftsnebel. Mikrosignale in der Mimik. Ungerechtigkeit und soziale Ausgrenzung. Den Abschluss bildet der Gefahrencheck.

Eine der wichtigsten Aufgaben der Amygdala ist die permanente Sondierung und Kontrolle der Umgebung. Und wenn etwas auch nur so ähnlich aussieht wie ein Gefahrenmoment, der uns bekannt vorkommt, dann wird sie aktiviert. Sie ist ein Mustersensor, sie sucht überall nach bekannten Mustern: nach einem Treffer von Erfahrungen aus der Vergangenheit mit Ereignissen aus der Gegenwart. Jede Begebenheit – alles von den ganz großen, monumentalen Erlebnissen bis hin zu den kleinen Situationen im Alltag – gleicht die Amygdala mit unseren bereits gemachten Erfahrungen ab. Ist das eine gefährliche Situation? Ist sie okay? Oder vielleicht sogar spannend? Die Gegenwart wird mithilfe der Vergangenheit gesichtet und gefiltert.

Die Amygdala speichert alle emotionalen Erinnerungen – und unsere Reaktionen. Allerdings wird in einer geringen Auflösung gespeichert, die Erinnerungen sind unscharf.

Ein Beispiel: Vor einem halben Jahr hast du vor einer größeren Gruppe einen Vortrag gehalten, der schlechter gelaufen ist, als du erwartet hattest. Du warst wahnsinnig nervös. Wenn dich heute jemand bitten sollte, vor ein paar wenigen Leuten an einem ganz anderen Veranstaltungsort, zu einer anderen Uhrzeit und über ein ganz anderes Thema zu sprechen, möglicherweise sogar für einen ganz anderen Arbeitgeber, aktiviert sich trotzdem deine Alarmglocke. Deine Nervosität steigt. Denn obwohl so viele Variablen nicht übereinstimmen, hat deine Amygdala die eine Übereinstimmung von der gefährlichen Vergangenheit und der bevorstehenden Gegenwart gefunden.

Erinnerst du dich an den 11. September 2001? Erinnerst du dich daran, was du gemacht hast – oder wo du warst – als der Terroranschlag in den USA stattfand? Du wirst das wie die meisten bejahen können. Aber die Forschung hat gezeigt, dass wir – unserer Selbstsicherheit zum Trotz – ziemlich unpräzise in der Erinnerung von Details sind. Das lässt sich mit der Plastizität unseres Gehirns erklären. Wenn eine Erinnerung angesprochen, also reaktiviert wird, ist es außergewöhnlich formbar. Es wird beeinflusst von den Gefühlen, Gedanken und sonstigen Erinnerungsbruchstücken, die in uns aktiv sind, während wir unsere Erinnerung erneut durchleben. Darum kann es zu einer Vermischung der Fragmente kommen, bevor die alte/neue Erinnerung wieder in die Regale in unserer Amygdala »zurückgelegt« wird. Ein fotografisches Gedächtnis von Ereignissen ist ein Märchen. Das gibt es einfach nicht.

In der Amygdala sind alle emotionalen Erinnerungen gespeichert – und unsere Reaktionen.

Unsere Erinnerungen stimmen meistens nicht mit dem überein, was tatsächlich passiert ist. Trotzdem hält sich die Ansicht hartnäckig, dass wir die »Wahrheit« erinnern. So, wie sie wirklich war. Oder doch nicht?

Alle Worte und Laute, auch solche, die gar keinen Sinn ergeben, lösen in uns entweder eine Negativ-Reaktion (Nein, danke!) oder eine Positiv-Reaktion (Ja, bitte!) aus. Andauernd werden wir mit Fragmenten früherer Erlebnisse konfrontiert, die in uns entweder Ablehnung oder Offenheit erzeugen. Das macht diesen siebten Amygdala-Trigger auch besonders heikel. Denn meistens erkennen wir gar nicht, wodurch die Alarmglocke ausgelöst wurde.

Die Amygdala hat auch die Funktion eines Informationsfilters. Sie lenkt die Aufmerksamkeit auf jene Informationsfragmente, die wir schon einmal als gefährlich erlebt haben. Sie sortiert sozusagen auf emotionaler Ebene die Spreu vom Weizen. Wenn man Versuchspersonen mit einer Phobie gegen Spinnen oder Schlangen bittet, sich eine Reihe von Fotos anzusehen, entdecken die mit der Spinnenphobie die Spinnen auf den Abbildungen schneller als andere und den Schlangenphobikern springen die Schlangen schneller ins Auge.

Die Amygdala filtert unsere Empfindungen anhand unserer Erfahrungen und orientiert sich an Ängsten und Vorlieben. Unsere Aufmerksamkeit für unsere Umwelt steht und fällt mit diesen Erfahrungen. Können wir uns dessen bewusst werden, wenn wir in eine solchen Situation geraten?

Wenn der Physiklehrer zum Bären wird

Anna war 12 Jahre alt, als ich sie kennenlernte. Ihr Physiklehrer hatte mich nach einem meiner Vorträge kontaktiert und von ihr erzählt. »Ich habe eine Schülerin, die meines Erachtens eine hyperaktive Amygdala hat. Und ich würde ihr so gerne helfen.«

Über Annas Mutter organisierte ich ein Treffen mit Anna, das überhaupt nichts »Therapeutisches« hatte. Wir haben uns nur unterhalten. Anna erzählte mir, dass sie schon bei dem bloßen Gedanken an Physik, den Physikraum und den Physiklehrer sofort in Panik geriet. Sie bekam Herzrasen, bekam nur schwer Luft und konnte nicht mehr klar denken. Im Gegenzug erzählte ich ihr von der Amygdala.

Als Anna von den Aufgaben der Amygdala hörte, begriff sie,

dass sie darum jedes Mal so reagierte. Sie verstand, dass ihr Physiklehrer für sie im übertragenen Sinne zum »Bären« wurde, denn ihr Gehirn sendete diese Signale.

Symbolischer Bär (Physiklehrer) = Gefahr = Panik

Annas Gehirn hatte sich angewöhnt, mit Physik Panik zu assoziieren. Du erinnerst dich, Gehirnzellen, die gleichzeitig aktiviert werden, verbinden sich. Und bei allem, was auch nur im Entferntesten an Physik erinnert, sah ihre Amygdala rot.

In nur zwei Stunden lernte Anna, wie sie in Zukunft anders mit ihrer Amygdala umgehen kann. Dafür eignete sie sich ein physisches und mentales Repertoire an, auf das sie jederzeit zurückgreifen kann. Sie lernte, tief und ruhig zu atmen: Bewusst einatmen, ausatmen. Außerdem lernte sie, dass sie ihrem Gehirn nicht ausgeliefert ist, sondern die jeweilige Situation in einem anderen Licht betrachten kann, als das, was ihr von der Amygdala im Reflex angeboten wird. Um diese Deutungsmöglichkeiten geht es im nächsten Kapitel.

Achte auf die symbolischen Bären (erinnerte Gefahren), die die Amygdala in Alarm versetzen.

Mittlerweile braucht Anna nur wenige Sekunden, um Situationen zu entkommen, die früher sofort Panik in ihr ausgelöst haben. Sie hat viel mehr Selbstvertrauen gewonnen, denn wenn sie sich mit einer schweren oder herausfordernden Aufgabe konfrontiert sieht, »weiß ich, was ich tun kann«. Die Nervosität spürt sie trotzdem nach wie vor, natürlich: »Aber nie so lange wie früher und auch überhaupt nicht mehr so schlimm.«

Für so einen Erfolg gehen einige von uns jahrelang zur Therapie. Dabei können sogar große Ergebnisse in überraschend kurzer Zeit erzielt werden, wenn man die Funktionen des Gehirns kennt und kleine brainsmarte Tricks anwendet.

Was können wir Eltern also gegen diese Amygdala-Trigger tun? Wir können uns auf die Suche nach Mustern machen, wenn die Amygdala unsere Kinder kapert. Bekommt die Amygdala vor allem morgens einen Blackout, beim Anziehen? Oder wenn das Kind zur Schule muss? Reagiert es auf bestimmte Wörter oder Geräusche? Oder weil die bevorstehende Aufgabe an etwas erinnert, das ihm früher einmal schwer gefallen ist? In diesen Situationen können die Taschenlampe im Kopf und die Positiv-Sprache hervorragend zum Einsatz kommen, um Kindern die Sicherheit zu vermitteln, dass sie diese Kaperung überstehen werden. Dass sie nur vorübergehend ist.

Wir können unseren Kindern von der Rolle der Amygdala erzählen, indem wir der Gehirnfunktion einen Namen geben. Kinder können schon ab drei Jahren lernen, den Grad ihrer Amygdala-Aktivierung selbst einzuschätzen. Es ist also nie zu früh und nie zu spät, sich damit zu beschäftigen. Spielerisch und brainsmart, mit kleinen, raffinierten Hilfestellungen.

TEIL 3

REFRAMING – DER FOTOGRAF IM KOPF

8

SO BERUHIGT UNS DER FOTOGRAF IM KOPF

Wir alle können jederzeit von unserer Amygdala gekapert werden. Wenn das geschieht, werden wir von einer physischen Reaktion »überwältigt«, die sich zum Beispiel in Form von Wut, Nervosität, Angst oder Traurigkeit äußert.

Wie in den vorangehenden Kapiteln gezeigt, gibt es unzählige Situationen im Alltag, in denen die Amygdala rot sieht. Wenn wir die als Eltern kennen, können wir früh erkennen, wann unsere Amygdala – oder die unseres Kindes – in den roten Bereich rutscht. Wir können üben, mit solchen Trigger-Situationen besser umzugehen, und gestärkt daraus hervorgehen.

Eines der wichtigsten Werkzeuge dafür ist das sogenannte *Reframing*. Reframing bedeutet Umdeutung oder Neuinterpretation und lässt sich auf Professor James Gross zurückführen, der damit den Grundstein für die Forschung zur Emotionsregulation gelegt hat. Er lobt das Reframing in den höchsten Tönen und ist der Ansicht, »dass es in unserem Trinkwasser sein sollte, damit wir es täglich zu uns nehmen könnten.« Und trotzdem sind dieses Werkzeug und seine Anwendung für viele noch fremdes Terrain.

In Dänemark nehmen wir mit der Butter immer auch ein bisschen Jod zu uns, in anderen Ländern bekommt man eine Dosis Vitamin B oder D verabreicht, wenn man Cornflakes isst. Aber wir wären in der Tat alle Gewinner, wenn die Fähigkeit der Umdeutung in jedem Schluck Wasser wäre, den wir im Laufe eines Tages trinken. Wenn wir mit jedem Schluck besser darin werden würden, die Dinge von mehreren Seiten zu betrachten. Von vielen Seiten. Darum geht es nämlich beim Reframing. Außerdem beruhigt es die Amygdala.

Das Reframing sollte in unserem Trinkwasser sein, damit wir es täglich zu uns nehmen könnten.

Wenn du bewusst eine Situation umdeutest, spielst du quasi Fotograf. Du weist der Situation eine neue Bedeutung zu. Du nimmst sozusagen immer wieder neue Bilder aus anderen Blickwinkeln auf und das hilft dir dabei, dich von Situationen emotional zu erholen, die schwer, untragbar, traurig, beengend oder verwirrend sind. Wenn du dich bewusst für eine solche Neuinterpretation entscheidest, machst du dich frei von der Vorstellung, dass »meine jetzige Sicht und Deutung mit der Wirklichkeit identisch ist«.

Aber das Umdeuten hat noch eine andere, spielerische Komponente: Es ist, als würden wir *Blinde Kuh* spielen. Denn wir begreifen, dass wir festgefahren sind in der Wahrnehmung und Interpretation bestimmter Aspekte und uns das für andere potentielle Erkenntnisse blind macht. Und von diesem Standpunkt aus können wir uns Schritt für Schritt öffnen und neue Anhaltspunkte entdecken, neue sensorische Eindrücke, neue Richtungen, die wir einschlagen können. Am Anfang wird es sich anfühlen, als wäre man stockblind, weil man einer gänzlich neuen Interpretation der »Realität« gegenübersteht. Aber dann,

Schritt für Schritt, schärfen wir unsere Sinne, um neue Erkenntnisse über neue Kanäle zu gewinnen, die uns für die nächste Situation mit besseren Ressourcen ausstatten. Reframing ist eine kraftvolle Methode, um unsere Haltung zu verändern, denn ohne Bewegung geschieht nichts Neues. Man wird nur in seiner Wut, Nervosität, Ängstlichkeit, Erregung verharren, was die Herausforderung einer Konfliktlösung noch größer werden lässt. Mit dem Reframing macht man sich auf die Suche nach effektiven Wegen, um sich mit Situationen und Beziehungen auseinanderzusetzen.

Das Reframing ist eine sehr wenig verbreitete Kompetenz. Nur ein paar wenige Hände gehen in die Höhe (und diese meistens zögernd), wenn ich bei einem Vortrag frage, wer von der Methode schon einmal gehört hat. Nur etwa *10* Prozent meiner Teilnehmer – ganz gleich ob aus dem privaten oder öffentlichen Sektor – kennen Reframing schon. Und die wenigsten von ihnen können Reframing als Kompetenz nutzen. Noch nicht. Und wenn ich frage, wer von ihnen Kinder hat, die aktiv und systematisch das Reframing in ihrem Alltag einsetzen, dann wird es ganz still in den Reihen.

Lasst uns das Beispiel eines Teenagers genauer ansehen, der Reframing beherrscht. Es illustriert auch sehr anschaulich, wie Kinder und Jugendliche brainsmart werden, wenn sie diese Methode benutzen. Danach sehen wir uns an, wie wir Reframing in unserem Leben umsetzen können.

»MENSCH, BIST DU KLEIN!«

Als meine Bonustochter Cecilie 13 Jahre alt war, vertraute sie mir an, dass ihr die Sprüche ihrer Klassenkameraden weh taten und sie traurig machten. Denn sie sagten Sachen wie: »Mann, bist du klein!« Wenn sie das hörte, zog sich alles in ihr zusammen. Das machte sie traurig, sie fühlte sich unzulänglich und ... winzig klein. Cecilie war damals wirklich nicht besonders groß und ist es auch heute nicht. Ihre Körpergröße ist ein Umstand, der sich nicht ändern lässt. Darum ist es besonders sinnvoll, sich einen inneren Überschuss anzutrainieren, um mit solchen Konfrontationen umgehen zu können.

Ich erzählte Cecilie von dem Fotografen im Kopf und wie so eine Umdeutung und Neuinterpretation funktioniert. Das Gehirn macht laufend Aufnahmen von Situationen – wir deuten also alles und deuten es auch ständig wieder um. Ich erzählte ihr auch, dass man sein Gehirn trainieren kann, nur solche Aufnahmen zu machen, mit denen es uns besser geht.

Ein Fotograf kann bei der Aufnahme folgendes tun:

- heranzoomen, wegzoomen
- alle Teilnehmer aufnehmen oder nur ein paar
- den Auslöser drücken, wenn alle lächeln oder wenn alle die Stirn runzeln
- von verschiedenen Seiten fotografieren
- er kann sogar spezielle Techniken anwenden, damit die Aufnahmen ganz anders aussehen als sonst

Cecilie und ich haben also *Fotograf im Kopf* gespielt. Wir haben von den Situationen »Fotos gemacht«, in denen ihre Klassenkameraden sie als »klein« oder »winzig« bezeichneten. Dann haben wir in einem Brainstorming Ideen gesammelt, was sie darauf antworten könnte. Wir sammelten neue Möglichkeiten zu reagieren, damit ihre Mitschüler sich ein ganz neues Bild von ihr machen konnten und Cecilie emotional wieder auf die Beine kam, statt im Boden zu versinken.

Unser Spiel führte zu einer langen Liste mit lustigen Antworten, die sie gegebenenfalls auch laut sagen konnte. Das ist nicht immer der Fall beim Reframing. Manchmal hat es einen unmittelbaren Einfluss auf die externe Kommunikation, manchmal werden dadurch vielmehr der innere Dialog und die Gefühle berührt.

Hier ist Cecilies Sammlung von Antworten. Welche wäre dein Favorit, wenn du in Cecilies Haut stecken würdest?

» Mensch, bist du groß!
» Vielen Dank für das Kompliment des Tages!
» Bist du dir sicher? Das habe ich noch nie gehört …
» Dafür muss ich weniger für Bodylotion ausgeben als du.
» Hier bin ich vielleicht klein, aber in Asien hätte ich die perfekte Größe.
» Klein, aber froh / hübsch / klug!
» (Stellt sich auf die Zehen) So, jetzt bin ich größer.
» Ja, mir fällt es nicht so leicht, auf andere herabzuschauen.
» Kleine Füße, flinke Füße.
» Ja, ich wachse langsam. Wie eine Rose.
» Tja, ich war mal größer, aber dann wurde ein Stück abgeschnitten.
» Ich bin nicht nur klein – ich bin die Kleinste!
» Vielen Dank für deine Ehrlichkeit.

Cecilies Umdeutungen haben verschiedene Gesichter. Einige lassen sie besser dastehen, andere fordern das Gegenüber mit Humor heraus und wieder andere bleiben auf Augenhöhe. Sie alle erhöhen die Wahrscheinlichkeit, dass zukünftige Bemerkungen ausbleiben, denn »was erwidere ich denn auf Cecilies Antwort?«

Sie vermeidet auch *fiese* Antworten wie: »Du hast recht und leicht bin ich auch, darum werden die Jungs mit mir bestimmt viel lieber tanzen als mit dir.« In meinen Augen sind die besten Umdeutungen solche, die – mit Respekt – den anderen stutzen lassen und zum Nachdenken anregen.

Cecilie ging es schon viel besser, als wir die Liste fertiggestellt hatten.

Ein paar Monate nach unserer Reframing-Übung habe ich Cecilie gefragt, wie das mit den Umdeutungen bei ihr lief. Sie sah mich an, hob eine Augenbraue und nickte: »Das ist echt komisch, Anette. Aber ich musste sie noch kein einziges Mal benutzen. Seither hat keiner mehr meine Größe kommentiert!«

Das ist wirklich sonderbar, geschieht aber ziemlich häufig: Wenn wir ein bestimmtes Problem loslassen – oder nicht mehr verbissen sind – dann lässt uns das Problem los. Bisher hat noch kein Neurowissenschaftler dieses Phänomen erklären können. Aber vielleicht kommt das noch?

Durch Reframing schreiben wir einer Situation eine neue Bedeutung zu – und beruhigen dadurch unsere Amygdala.

Cecilie ist keine 13 mehr. Sie ist schon 20. Vor kurzem ist mir aufgefallen, dass ihre Freunde auf Facebook Kommentare posten wie: »Was läuft bei dir, Zwerg?« Darum fragte ich nach: »Wie geht es dir, wenn du so etwas liest?« Sie antwortete ganz cool und ruhig: »Mir ist das so was von egal. Ich habe den Spruch mit der Bodylotion ein paar Mal benutzt und da blieben die immer mit offenem Mund stehen.«

Cecilie hat einen riesigen Schritt mit ihrer Umdeutung gemacht.

Am Anfang hat sie diese Gleichung gehabt:

Kommentare der Klassenkameraden = Problem/Bedrohung.

Jetzt sieht die Gleichung so aus:

Kommentare der Klassenkameraden = Gelegenheit, ihnen zu zeigen, was mich ausmacht.

Und was macht Cecilie am meisten aus? Ganz genau ... ihr Humor!

Die stärksten und tragfähigsten Umdeutungen sind solche, bei denen unser Gehirn hilft, die Situation so zu wenden, dass wir das Verhasste am Ende nahezu herbeisehnen. »Komm du nur!«, denken wir, statt Angst davor zu haben. Wir sind sogar in der Lage, eine Situation so effektiv umzudeuten, dass wir geradezu *enttäuscht* sind, wenn sie gar nicht eintritt.

»Messen« kannst du die Wirkung der Neuinterpretation ganz einfach: an deinem Gefühl. Wenn dich der Gedanke an die betreffende Situation (die starke und schmerzhafte Gefühle ausgelöst hat) nach wie vor traurig oder tierisch wütend macht, dann ist dir keine Neuinterpretation gelungen, sondern wahrscheinlich eher eine Verdrängung. Du weißt, dass du einen neuen Zugang gefunden hast, wenn bei dir andere Gefühle entstehen.

ERZWUNGENE UMDEUTUNG IST KEIN REFRAMING

Wenn wir davon ausgehen müssen, dass die wenigsten von der Methode der systematischen Umdeutung und Neuinterpretation wissen, stellt sich die Frage, was sie stattdessen machen. Was tun sie, um ihre Gefühle zu regulieren und Alltagssituationen zu überstehen?

Wir bleiben für einen Moment auf der Erwachsenenebene, um verschiedene Strategien der Emotionsregulation zu illustrieren. Wir besuchen Nikolaj, Sebastian und Martin, die zusammen arbeiten. Alle drei können richtig wütend werden, wenn sie sich unter Druck gesetzt fühlen. Trotzdem gehen sie unterschiedlich damit um:

- Nikolaj drückt seine Gefühle und Irritation durch einen *Wutausbruch* aus. Er findet einen aktiven Ausdruck für seine Wut. Dabei tritt er auch mal gegen den Kopierer oder brüllt

bei einem Meeting laut rum. Nikolaj findet es okay, mal die Luft rauszulassen, damit die Wut verpufft. Da hat jemand aufmerksam Freud gelesen!
- Sebastian *unterdrückt* seine Wut. Er verhindert aktiv und bewusst ein Ausleben seiner Gefühle. Stattdessen frisst er sie in sich hinein und tut nach außen so, als sei alles in Ordnung. Denn es ist doch unzivilisiert, seine Wut an anderen auszulassen, oder?
- Martin hat sich für eine dritte Strategie entschieden. Er *erzwingt* eine Umdeutung der Situation (ist aber der Ansicht, er interpretiert sie neu). Wenn ihn etwas wütend, ärgerlich oder niedergeschlagen macht, zwingt er sich dazu, die Dinge positiv zu sehen. Aus einem »Problem« wird so eine »Herausforderung«. Der Pessimismus wird in die Knie gezwungen und zum Optimismus deklariert. Martin hat beschlossen, alle »negativen« Wörter aus seinem Vokabular zu entfernen. Es soll doch auch viel gesünder sein, das Glas halbvoll zu sehen!

Für welche der drei Strategien entscheidest du dich am häufigsten, um deine Gefühle zu regulieren?

- *Gefühlsausbruch* (was außer einem Wutausbruch auch bedeutet, dass man tief in ein Gefühl wie Traurigkeit, Verunsicherung, Angst und Nervosität eintaucht)?
- *Unterdrückung und Verdrängung?*
- oder *erzwungene Umdeutung?*

Die Neuinterpretation ist eine wissenschaftlich fundierte Alternative zu diesen Emotionsregulationsstrategien. In vielen Situationen stellen sich nämlich der Gefühlsausbruch, die Verdrängung und die erzwungene Umdeutung als ungeeignet heraus. Sie führen sogar manchmal zu Rückschlägen.

Der *Gefühlsausbruch* führt zu einer erhöhten Aktivität der

Amygdala und macht es sehr wahrscheinlich, dass man sich das nächste Mal für die gleiche Reaktion (in diesem Fall: Wutausbruch) entscheidet. Außerdem riskiert man bleibende Spuren bei den Anderen. Seine Gefühle kraftvoll auszudrücken ist – so die Ansicht von Forschern –, als würde man Benzin ins Feuer schütten. Man löscht die Flammen nicht, sie lodern noch höher auf.

Die *Unterdrückung* ist ebenfalls eine eher kontraproduktive Methode der Emotionsregulation. Sie führt nämlich zu einer Verengung der Blutgefäße, schwächt das Erinnerungsvermögen und verursacht bei den Menschen Bluthochdruck, die mit dem »Unterdrücker« zu tun haben. Wenn jemand seine Gefühle unterdrückt, hat das also systemische Konsequenzen und Nachteile. Die neuen Erkenntnisse in der Hirnforschung weisen uns darauf hin, dass die emotionale Regulierung des Einzelnen nicht nur ihn selbst betrifft. Auch die Gemeinschaft – ein Team, eine Organisation, eine Schulklasse, eine Kindergartengruppe oder eine Familie – hat ein ausgesprochenes Interesse daran. Während das Reframing die Bedeutung einer Situation (oder einer Beziehung) wahrhaftig verändert, gelingt das mit der Unterdrückung nicht.

Vom *Bumerangeffekt* habe ich ja schon erzählt: Wenn man Gedanken oder Gefühle unterdrückt, kommen sie wie ein Bumerang zurück. Das Verbot, an Eisbären zu denken, kreiert Eisbärengedanken. Wenn man sich einhämmert »Nicht nervös werden, nicht nervös werden, nicht nervös werden!« – tja, dann wird man unter Garantie nervös.

Die *erzwungene Umdeutung* hat in den letzten Jahren um sich gegriffen und äußert sich in Form einer Zwangspositivität. Mitarbeitern wird zu verstehen gegeben – zwischen den Zeilen oder ausgesprochen –, dass sie positiv sein sollen und »Miesepeter« und »Spaßbremsen« *nicht* geduldet werden. Also bitte sehr schnell die Tollfinder-Mütze aufgesetzt! Als (oberflächlich betrachtet) logische und kluge Reaktion darauf haben sich viele wie Martin für eine Zwangspositivität entschieden: Positiv zu sein, koste es, was es wolle. Bedenken und Sorgen haben die rote Karte bekommen, zumindest in der Kommunikation nach außen. Sie versuchen, die Wut mit einem aufgesetzten Lächeln auf Abstand zu halten.

Aber die Zwangspositivität sorgt nicht dafür, dass du eine Situation neu betrachten und deine emotionale Reaktion darauf verändern kannst. Viele sind der Ansicht, sie nehmen eine Umdeutung vor, wenn sie aus »schwarz« »weiß« oder aus einem »Problem« eine »Herausforderung« machen. Aber in Wirklichkeit versuchen sie, bei sich oder anderen ein Gefühl zu erzwingen, das nicht da ist.

Positivität zu erzwingen hat denselben Effekt wie Unterdrückung – und ist deshalb weder für den Akteur noch für seine Umwelt gesund. Die Umdeutung aber wäre es. Und weil sie so gesund ist, sollte sie auch in unserem Trinkwasser sein, damit wir sie täglich zu uns nehmen könnten. Die große Herausforderung ist nun, wie die Methode der Umdeutung für Kinder und Erwachsene leichter zugänglich gemacht werden kann.

Umdeutung ist ein effektives Werkzeug, um die eigenen Emotionen zu regulieren und so schwierige Situationen meistern zu können.

In uns tobt andauernd ein Kampf zwischen dem Entstehen von Gefühlen und ihrer Regulierung. Und unser Verhalten ist maßgeblich vom Ausgang dieses Kampfes abhängig. Die Forschung ist besonders daran interessiert, wie die Kombinationen von unterschiedlichen Strategien der Emotionsregulation in unterschiedlichen Kontexten funktionieren. Darum konzentrieren sich die Untersuchungen nicht darauf, die Strategien in ungeeignet und *für jeden Kontext* geeignet aufzuteilen, sondern auf die Frage, wie man flexibel zwischen den verschiedenen Regulationsstrategien wechseln kann, um sich den Anforderungen der jeweiligen Situationen anpassen zu können und was die Kombinationen der Strategien bewirken.

Bevor wir uns darum kümmern, wie wir die Fähigkeit zum

Reframing bei Kindern stärken können, ist es wichtig, dass wir unsere eigene stärken. Wir sollten uns brainsmarte Werkzeuge aneignen, damit wir sie eventuell später mit unseren Kindern teilen können. Denn wie ich schon ganz am Anfang sagte: Brainsmarte Kinder brauchen brainsmarte Erwachsene in ihrer Umgebung.

9

REFRAMING LEICHT GEMACHT

Die Fähigkeit zur Umdeutung ist eine der Schlüsselkompetenzen, um das Leben zu meistern. Dasselbe gilt auch schon für unsere Kinder, damit sie sich in den unterschiedlichsten Kontexten wohl fühlen, Situationen mit variierenden sozialen Anforderungen bewältigen und einen Sachverhalt von mehreren Seiten beleuchten können.

Zuerst beschäftigen wir uns damit, wie wir selbst Reframing in unserem Alltag einsetzen können, um unsere Resilienz zu stärken. Danach schauen wir, wie wir diese Methode in der Interaktion mit unserem Kind umsetzen können.

Ich habe ein sehr anschauliches Beispiel für den erfolgreichen Einsatz dieser Methode. In einer großen Firma des Finanzsektors stand die gesamte Belegschaft vor der Herausforderung, mit einem zukünftig einzuführenden IT-System zurechtkommen zu müssen. Die Veränderung war als dermaßen radikal angekündigt, dass die Mitarbeiter, die am Ende des einen Arbeitstages ihren vertrauten Computer heruntergefahren hätten, sich am nächsten Tag vor einer »Ab heute ist alles anders«-Oberfläche wiederfinden würden. Die Ankündigung kam etwa zwei Jahre vor der tatsächlichen Einführung. Es gab folglich ausreichend Zeit, um sich als Mitarbeiter und Abteilungsleiter über die bevorstehenden Veränderungen Sorgen zu machen und sich die schlimmsten Szenarien auszumalen.

PETER ODER WENN VERÄNDERUNGEN ZUR BEDROHUNG WERDEN

Früher waren Veränderungen in einem Unternehmen ein seltenes Ereignis: Sie kamen und vergingen wieder. Während die Veränderungen stattfanden, konnte man als Mitarbeiter die »Luft anhalten« und erleichtert wieder aufatmen und sein Arbeitsleben fortsetzen, wenn der Prozess hoffentlich gut überstanden war. Aber so ist es heute nicht mehr. Ob es uns gefällt oder nicht, Veränderungen sind zu einem festen Bestandteil unseres Arbeitsalltags geworden. Darum ist es sinnvoll, unsere Flexibilität und Resilienz zu stärken, damit es uns leichter fällt, Situationen umzudeuten und uns konstruktiv den wechselnden Umständen anzunähern.

Peter war Abteilungsleiter in dem besagten Unternehmen und bemerkte das Unbehagen über die bevorstehenden Veränderungen sowohl bei seinen Mitarbeitern als auch bei sich selbst. Sie wurden als Bedrohung wahrgenommen, was sehr energieraubend und handlungslähmend war. Als Peter und seine Kollegen aus den anderen Abteilungen die Methode des Reframings kennenlernten, waren sie sofort bereit, sie auszuprobieren. Denn wenn sie nichts unternehmen würden, müssten sie mit weitaus höheren Kosten rechnen. Sie würden in den kommenden zwei Jahren Unmengen an Zeit investieren müssen. Sie würden sich Sorgen machen, Angst vor dem Unbekannten haben, schlechter schlafen und stressgefährdeter sein. Es lohnte sich, den Fotografen im

Kopf zu aktivieren. Sie gingen die Sache gemeinschaftlich nach folgendem Schema an:

Reframing der Kombination Veränderung = Bedrohung

1. Der Veränderungsprozess ist eine Chance:
   - gleiche Ausgangssituation für alle Mitarbeiter
   - Kunden- und Mitarbeiterzufriedenheit
   - Humor
   - Kompetenzentwicklung
   - Relation bewahren: Keiner stirbt!
2. Veränderungen sind Aufgaben, die wir als Gemeinschaft bewältigen.
3. Wachstum ist ein Beweis für Lebendigkeit.
4. Wir haben den Brunnen gebohrt, bevor wir durstig werden.
5. Was wir tun, wird in den Geschichtsbüchern stehen.
6. Wir setzen neue Ressourcen frei.
7. Das hier ist Champions League.
8. Offensivspiel!
9. Yes! Eine Herausforderung!
10. Neues wirkt auf den ersten Blick oft bedrohlich, bis man sich daran gewöhnt hat.
11. Neues irritiert/verwirrt per definitionem.
12. Die nächste Generation wird uns dankbar sein, dass wir die Verantwortung übernommen haben.
13. Wir werden firstmovers sein.
14. Es gibt Dinge, die wir beeinflussen können, und solche, bei denen wir es nicht können. Die Kunst besteht darin, das Unbeeinflussbare zu unseren Gunsten zu nutzen.
15. Veränderung ist
    - ein Spiegelbild des Lebens.
    - ein Neustart/ ein Geschenk.
    - eine Anregung, Überholtes zu verabschieden.

16. Was für ein Glück – sonst wächst noch Moos auf uns.
17. Wenn über die Notwendigkeit von Veränderungen per Volksabstimmung entschieden werden würde, hätten wir heute noch keine Computer.
18. Unsere einzige Sicherheit ist die Fähigkeit zur Veränderung.

Welche Wirkung haben die verschiedenen Umdeutungen auf dich? Welchen würdest du eine größere Aufmerksamkeit widmen, wenn du in Peters Position wärst?

Man entscheidet sich am besten für die Umdeutungen, die den größten Effekt auf einen haben. Das haben Peter und seine Kollegen im Übrigen auch getan. Normalerweise sind das zwei oder drei. Das bedeutet natürlich nicht, dass du von einem Tag auf den anderen die Sache (in diesem Fall: den Veränderungsprozess) mit vollkommen neuen Augen siehst. Aber du hast die neuen Wege identifiziert, denen du ab jetzt häufiger folgen kannst, um die Vielfalt deiner Deutungsmöglichkeiten zu erhöhen. Neue Waldwege: Neue Auslegungen, die andere emotionale Effekte haben als deine bisherige Deutung der Situation.

REFRAMING BEI KINDERN

Auch als Eltern brauchen wir die Fähigkeit, neue Deutungen zu finden. Häufig sogar mehrmals am Tag. Es ist sinnvoll, Umdeutungen zu beherrschen, um eine Situation möglichst schnell und geschmeidig von mehreren Seiten betrachten zu können, und nicht nur von den bekannten und naheliegenden.

Trine hat so etwas erlebt. Sie hat einen zweijährigen Sohn, Elliot, der andauernd Milch verschüttet. Es half leider überhaupt nicht, dass die Erzieherinnen im Kindergarten erzählten, dass sie dieses Problem nicht hätten. Es verbesserte Trines Laune auch nicht, als ihre Schwiegermutter – sie ist Säuglingsschwester – mehrmals betonte, dass es ein ganz normales Verhalten für einen

Zweijährigen sei. Es sei nur eine Phase. Es nervte Trine trotzdem. Und zwar täglich. Sie war genervt, dass sie hinter Elliot her wischen und ihn morgens nach dem Frühstück wieder umziehen musste, weil alles voller Milch war. Als ich Trine kennenlernte, suchte sie fieberhaft nach Batterien für »die magische Fernbedienung«, um Elliots Verhalten auszuschalten: »Wie bringe ich ihn dazu, mit den Dingen aufzuhören, die mich so nerven?«

Eltern benötigen am laufenden Band Umdeutungen, um nicht immer auf automatisierte Reaktionen zurückzugreifen.

In Trines Gehirn war die Situation (»Milch verschüttet«) mit dem Urteil/der Deutung (»Problem«) gleichgesetzt worden und führte unmittelbar zu einer emotionalen Reaktion (»Irritation«).

Eine der Spielregeln des Gehirns lautet: »Neurons that fire together, wire together. – Gehirnzellen, die gleichzeitig aktiviert werden, verbinden sich.« Mit jeder synchronen Aktivierung stärkt sich die Verbindung zwischen ihnen. Wissenschaftler beschreiben das als eine *kortikale Karte*, die zusammenwächst. Aus drei eigenständigen Einheiten (Situation-Deutung-Emotion) ist eine einzige geworden. Die Aktivierung der einen führt automatisch zur Aktivierung der anderen beiden.

Wenn wir nun systematisch umdeuten, setzen wir eine andere Spielregel in Kraft. »Neurons that are out of sync, fail to link. – Gehirnzellen, die aus dem Takt geraten, verbinden sich nicht miteinander.« Verbindungen und Koppelungen, die geschaffen (und gestärkt) wurden, können wir schwächen, indem wir sie aus dem Takt bringen. Das gelingt uns durch neue Assoziationen und Verbindungen. Der Umgang mit den Gehirnfunktionen lebt sehr vom richtigen Timing (ist gewissermaßen hochmusikalisch) und führt zu der dritten Spielregel im Bunde: »Neurons that fire apart, wire apart. – Die Verbindung von Gehirnzellen, die asynchron aktiviert werden, wird mit jeder Sekunde schwächer.«

Ist die verschüttete Milch wirklich das Problem?

Für Trine stand zwischen der »verschütteten Milch« und dem »Problem« ein Gleichheitszeichen, und das löste ihre Irritation aus. Darum nahm sie sich Zeit und machte sich ans Umdeuten der Situation. Auf ihrer Liste standen am Ende über 40 Umdeutungen. Ich habe die 20 wirkungsvollsten ausgewählt. Achten wir mal darauf, aus wie vielen verschiedenen Winkeln der Fotograf im Gehirn eine Aufnahme machen kann. Und welchen Effekt die verschiedenen Umdeutungen auf uns haben. Einige werden dich sofort ansprechen, andere wiederum gar nicht. Das ist vollkommen in Ordnung. Darum sammeln wir auch immer so viele, weil dadurch der Prozess weitergeführt wird.

Ziel ist es nicht, einige der Umdeutungen wegzustreichen. Fang gar nicht erst an, die Liste mit kritischen Augen zu lesen. Versuche stattdessen, die Ideen zu »schmecken«, und entscheide dich dann für sie oder lass sie stehen! Auch wenn es sonderbar klingt, aber genau das solltest du tun: Die Möglichkeiten erschmecken und dann ein paar unterstreichen und jene für dich auswählen, die deine Resilienz stärken. Die Alternativen, die dir nur zusätzlich Energie rauben, die lässt du einfach stehen.

Trines Umdeutungen der Situation:

1. Unser Junge wird später ein richtig guter Fußballer.
2. Filme von Familien auf Youtube ansehen, die von ganz normalen Problemen träumen. (Etwa von Eltern krebskranker Kinder, die sich Alltagssorgen wie verschüttete Milch wünschen).
3. Kuscheln auf dem Schoß und verschüttete Milch – die zwei Seiten einer ziemlich kurzen Lebensphase eines Kindes.
4. Mein milchverschüttendes, kuscheliges Mäuschen.
5. Ich übe mich in:
   - Improvisation

- Spontaneität
- Unbeschwertheit
- Geduld
- bedingungsloser Liebe
- Backup-Planung

6. Es kommt auf die Augen an, wie die es sehen.
7. Lustige Geschichten für das Familienbuch.
8. Mein Sohn verschüttet Milch und ich verschwende Energie. Ist es denn besser, Energie zu verschwenden, als Milch zu verschütten?
9. Mein kleiner Sohn verschüttet Milch, mein großer Sohn ist unter seinem iPad verschüttet!
10. Geht nicht bei jedem von uns mal was daneben?
11. Lohnt es sich, über verschüttete Milch zu weinen?
12. Seine Motorik kann man ganz unterschiedlich trainieren: Kann ich selbst, will ich selbst – sieh selbst!
13. Es ist eine Einladung:
    - Klamottenkauf mit gutem Gewissen (mehr Wechselwäsche im Angebot).
    - »Scheißegal«-sagen zu üben.
    - Meine innere Mitte wiederentdecken.
14. Ich würde mir viel mehr Sorgen machen, wenn er das *nicht* könnte oder hätte:
    - Seine Motorik entwickeln.
    - Neugierig die Welt entdecken und seine Umgebung erforschen.
    - Humor.
    - Mich durch seine Experimente kennenlernen.
15. Es gibt nichts Schöneres, als strahlende und begeisterte Kinderaugen (und nichts Dooferes als genervte Elternaugen).
16. Mein Junge:
    - Rettet mich von meiner »Perfekte-Mutter-Illusion«.
    - Verschafft mir lustige und abgefahrene Unterhaltungen mit anderen.

- Erdet mich.
- Macht mich in den Augen anderer menschlicher.

17. Das Leben macht Geräusche und Flecken.
18. Man darf den Dingen ruhig ansehen, dass sie benutzt werden.
19. Darf man einer Wohnung nicht auch ansehen, dass dort Kleinkinder leben?
20. Die Situation erinnert mich daran, dass nicht alles immer nach Plan läuft.

Ich habe hier viele Beispiele aufgelistet, um den Zustand, den Sog zu verdeutlichen, in den man beim Umdeuten geraten kann. Es macht Spaß, wenn man einmal damit angefangen hat. Das Fotografieren aus immer neuen Positionen ist reine Trainingssache.

Muss man wirklich so viele Alternativen auflisten? Genügen nicht zwei oder drei? Die ersten Umdeutungen sind in der Regel die, die man schon mit mäßigem Erfolg ausprobiert hat. Zuerst wird sozusagen das alte Lager geleert. bevor man dann in Schwung kommt. Der Prozess der Umdeutung allein hat schon eine beruhigende Wirkung auf die Amygdala, was dafür spricht, ihn auszudehnen. Vor allem, wenn man ihn verinnerlichen will.

Die von mir entwickelte systematische Umdeutungsmethode *Framestorm®* besteht aus einem Fragenkatalog, der unser Gehirn äußerst effektiv in Gang setzen kann. Wenn man diese Methode beherrscht, kann man damit alles Mögliche umdeuten: als Vorbereitung einer bevorstehenden Situation und auch »live«, wenn man sich inmitten einer herausfordernden Situation befindet. Wenn du Anfänger bist, setzt du *Framestorm®* hauptsächlich vor einer Situation ein, um deinem Gehirn Sicherheit zu verleihen und ihm die Wege vorab zu zeigen, die es nehmen kann, wenn die besagte Situation eintritt. Im Kapitel 12 unter der Überschrift »Welche Fragen helfen bei einer Umdeutung?« erkläre ich meine Methode genauer.

Das Beispiel von Trine und Elliot weist uns auf etwas Grundsätzliches in unserem Umgang mit »Problemen« hin. Wir glauben, dass wir unsere Irritation *abgeben* können, indem wir das Verhalten des anderen fernsteuern. Aber der Traum von einer solchen Fernbedienung ist eine Illusion! Dafür gibt es keine Batterien, basta! Als ich Trine kennenlerne, träumt sie von so einer Fernbedienung für Elliot, damit er möglichst schnell aufhört, immer Milch zu verschütten (beachte: Negativ-Sprache). Durch die Umdeutung hebt sich Trine auf ein anderes Niveau und ändert dadurch auch den Charakter der Situation. Sie übernimmt die Verantwortung für ihre Rolle und Umdeutungen. Und dadurch ändert sich auch das »Problem«.

Albert Einstein hat gesagt: Probleme kann man nicht mit derselben Denkweise lösen, durch die sie entstanden sind. Darum ist es wichtig und sinnvoll, bei den Umdeutungen große Sprünge zu wagen: radikal andere Sichtweisen auf den Auslöser.

Den Drang abzulegen, andere andauernd in ihrem Verhalten korrigieren zu müssen (mit Hilfe der nicht-existenten Fernbedienung), ist sehr wichtig. Noch viel effektiver ist es, die Taschenlampe im Kopf anzuschalten und die eigenen Deutungen und Einstellungen zu bestimmten Situationen neu zu beleuchten. Sehr oft – natürlich nicht immer – hat unsere Umdeutung einen *Nebeneffekt* und führt zu einer Korrektur des Verhaltens beim anderen, weil wir selbst unsere Einstellung und somit unser Verhalten ändern (beachte, dass es sich hier um einen Nebeneffekt handelt und nicht um einen manisch erkämpften Effekt). Und das führt zu einer Veränderung des gesamten Systems.

DIE UMDEUTUNG IM FRONTALLAPPEN

Vielleicht denkst du dir jetzt: »Prima! Aber was hat die Umdeutung jetzt mit dem Gehirn zu tun?« Na, alles!

Es ist nämlich so, dass unser Gehirn permanent mit Sinneseindrücken bombardiert wird. Eine der vorrangigen Funktionen des Gehirns ist es, diese Eindrücke zu verarbeiten und einzuordnen und ihnen *dadurch* erst eine Bedeutung zu geben. Wenn wir zum Beispiel nur einmal den Input über den visuellen Kanal betrachten (und etwa 85 Prozent aller Sinneseindrücke, die das Gehirn bearbeitet, erreichen es über die Augen), begreifen wir, welche enorme Kürzungsleistung die ganze Zeit in unserem Kopf stattfindet.

10 Milliarden Bits/Sekunde treffen auf unsere Netzhaut. Bits/ Sekunde kannst du getrost überlesen – das ist nur eine Einheit -, die Zahl ist wesentlich wichtiger. Sechs Millionen davon gelangen von dort in unser Gehirn. 10 000 Bits/Sekunde werden an den visuellen Cortex weitergeleitet, auch Sehrinde genannt. Und davon bestimmen lediglich 100 Bits/Sekunde unsere Wahrnehmung von etwas Gesehenem. Diese Kürzung geschieht innerhalb von Bruchteilen einer Sekunde.

Ob zwei Menschen, die zur gleichen Zeit denselben Film sehen, wohl dieselben 100 Bits/Sekunde auswählen? Nein, ganz bestimmt nicht! Die 100 Bits/Sekunde, die ich mir in einer Situation auswähle, sind unter Garantie andere als deine 100.

Bei der »Auswahl« handeln wir überwiegend aus Gewohnheit *(so wie immer)* – aber die Wahl hätte natürlich auch vollkommen anders ausfallen können. Wenn wir *Fotograf im Kopf* spielen, geht es genau um die Entdeckung und Auswahl neuer Blickwinkel und Ansichten. Keine Aufnahme bildet »die Wahrheit« ab. Jede Aufnahme spiegelt eine bestimmte Ansicht und damit Deutung der jeweiligen Situation.

Die Frontallappen erledigen die Arbeit der Umdeutungen. Sie sind der Boss in unserem Gehirn. Sie sind für Funktionen zuständig, die elementar für uns sind. Dank der Frontallappen wissen wir, dass der Fahrradhelm bis zu den Augenbrauen heruntergezogen werden muss, wenn wir auf zwei Rädern durch die Gegend fahren.

In den Frontallappen findet so einiges statt:

- Planung und Organisation
- Setzen von Prioritäten, Bewertung und Abwägung
- Hemmung von Risikoverhalten
- Impulskontrolle
- Bedürfnisregulation
- Emotionsregulation
- Denken und Problemlösung
- Aufgabenflexibilität
- Arbeitsgedächtnis (die Fähigkeit, Informationen zu bearbeiten und sie vorübergehend zu speichern)

Alle diese Funktionen sind wichtig für uns.

Die Amygdala und die Frontallappen stehen in einem umgekehrt proportionalen Verhältnis zueinander. Steigt die Aktivität des einen, sinkt die des anderen. Wie auf einer Wippe – die Amygdala sitzt auf der einen Seite, die Frontallappen auf der anderen.

Die Frontallappen erledigen die Arbeit der Umdeutungen. Sie sind der Boss in unserem Gehirn.

WETTLAUF IM GEHIRN

In den letzten Jahren hat die Hirnforschung viele neue Erkenntnisse über die tatsächliche Wirkung der Umdeutung im Gehirn gewonnen. Früher war man der Ansicht, dass man ein (unerwünschtes) Gefühl ergründen, erleben und zulassen muss, um es dann loszuwerden.

Neue Forschungen stellen nun diese Behauptung auf: Wenn man sich auf ein – zunächst als problematisch vorgestelltes – Ereignis vorbereitet, konstruktive Deutungen und Ansätze zusammengestellt und eine mentale Generalprobe gemacht hat, dann ist die Neutralisierung des unangenehmen Gefühls ein wesentlich schnellerer und nachhaltigerer Prozess, als man vorher dachte. In Generalproben spielt man die Anwendung der Umdeutungen durch.

Zwischen der emotionalen Reaktion und den Umdeutungen findet ein Wettlauf im Gehirn statt. Und es ist nicht so, dass die Gefühle immer am schnellsten sind. Das hängt nämlich davon ab, ob deine Umdeutungskompetenz in einer guten Verfassung ist.

Die Umdeutung hilft dir

- vorzubauen, wenn du etwas zu »verschütten« drohst (wenn du zum Beispiel gleich vor Wut überkochst) und
- beim «Aufwischen«, wenn du doch etwas verschüttet hast (das bedeutet, dass du dich emotional schnell wieder fangen kannst).

Eine vorzeitige emotionale Umdeutung ist weitaus effektiver als eine nachträgliche. Die Amygdala lässt sich am einfachsten beruhigen, bevor sie die Piratenrolle übernommen hat und auf dem Weg ist, dein Gehirn zu kapern.

Mit anderen Worten: Je mehr Übung du darin bekommst, ungünstige Auslegungen von Situationen auszumachen, die nur energieraubend sind, desto schneller kannst du mit dem Reframing beginnen. Dasselbe gilt für Kinder und Jugendliche.

Erinnern wir uns noch einmal an die Metapher vom Anfang des Buches – die Waldwege in unserem Gehirn, die wir ausbauen oder zuwachsen lassen können. Auch hier gilt nämlich, dass wir bestimmte Gefühle dämpfen können, indem wir andere anregen. Du wirst also weniger wütend, wenn du deine innere Ruhe steigerst – und nicht, indem du versuchst, aktiv die Wut zu drosseln. Du kannst Gefühle nicht auslöschen, unterdrücken oder ihnen entgehen, indem du dich auf sie konzentrierst. Denn dadurch beleuchtest du sie mit der Taschenlampe im Kopf und verstärkst sie.

Amygdala und Frontallappen sitzen auf einer Wippe: Steigt die eine Seite, sinkt die andere.

Eine brainsmarte Alternative zum Unterdrücken und Auslöschen eines Gefühls ist es, die momentane Deutung einer Situation (und das damit verbundene Gefühl) pausieren zu lassen und den Fokus für eine bestimmte Zeit auf andere zu lenken, die gestärkt werden sollen. Durch die Einführung anderer Deutungen neutralisiert sich der emotionale Einfluss auf die ursprüngliche Deutung. Und als der freie Mensch, der du bist, kannst du danach die Deutungen für die jeweiligen Situationen auswählen, die in deinen Augen zu einem konstruktiven Verhalten führen.

FRÜHER DIÄTPULVER – HEUTE SPASS AM JOGGEN

Mein größtes Aha-Erlebnis in Sachen Reframing hatte ich vor 20 Jahren. Damals wog ich 10 Kilo mehr als heute und wollte unbedingt abnehmen. Darum fing ich an, zu joggen. Damals war ich nicht auf EPO, was später unter Sportlern so beliebt wurde. Ich war auf Nupo. Ein Diätpulver, das man mit Wasser mischt und das nach Erdbeere oder Schokolade schmeckt. Wie dem auch sei, ich wollte abnehmen und fing an zu joggen. Aber ich war nicht wirklich motiviert. Ich dachte die ganze Zeit nur an mein Gewicht. Das MUSSTE echt runter. Darum MUSSTE ich laufen gehen. Aber meine Laufschuhe dachten sich alle möglichen guten Argumente aus, um zu Hause im Eingang stehen zu bleiben. Als wären sie am Boden festgeklebt. Und wenn ich tatsächlich mal aus dem Haus kam, fand ich Joggen total bescheuert. Genau genommen habe ich es gehasst. Es war eine schreckliche Zeit, bis zu dem Tag mit dem Aha-Erlebnis.

Meine Umdeutung setzte erst ein, als ich feststellte, wie gut mir Laufen tat. Grund dafür waren die Endorphine, morphinähnliche Substanzen, die mein Gehirn dabei ausschüttete. Aber davon wusste ich damals noch nichts. Ich entschied mich für folgende Haltung: »Das mit dem Gewicht ist doch egal. Ich laufe, um mich gut zu fühlen. Damit es mir gut geht.« Und das habe ich getan. Ich bin gelaufen (und habe – ein willkommener Nebeneffekt – sogar ein paar Kilos verloren).

Ich habe also die Antwort auf die Frage *Warum laufe ich?* neu formuliert und ihre Deutung verändert. Das hatte enorme Konsequenzen.

Deine Motivation verändert sich mit der durch die Umdeutung neugefundenen Antwort auf die Warum-Frage.

Heute gehe ich fast jeden Morgen joggen. Mir tut es gut, wenn mein Puls beschleunigt wird, ich mich bewege und bis oben hin voller Sauerstoff bin. Für mich ist das eine lohnende Investition in meine mentale Präsenz, meine Beziehungen, meine Lebensfreude und meine Leistungen. Ich habe entdeckt, dass ich mich stärker als »ICH« wahrnehme, wenn ich Sport getrieben habe. Und mich motiviert es – sehr sogar –, mit der Frau im Einklang zu sein, die ich als »ICH« kenne!

Mein Ziel war aber nie, einen Marathon zu laufen. Ich respektiere alle, die das tun, aber für mich hatte das bisher keine

Relevanz. Das hat mit meiner Deutung zu tun. Meine Ambition ist es nämlich, auch noch mit 100 Jahren joggen gehen zu können – darum ist es sinnvoll, auf Knie, Beine und Körper zu achten. Dazu gehört, nicht permanent die Grenze der »maximalen Topleistung« zu verschieben, worum es im Extrem- und Leistungssport häufig geht. Je länger man läuft, desto mehr gewöhnt sich der Körper daran, dass er eben so und so lang laufen muss, bis sich dieses wohlige Gefühl einstellt. Daraus entsteht das ewige Streben nach dem, was noch nicht ist. Ich ziehe das achtsame Gefühl vor. Das Spontane an meiner Bewegung. Das Sinnliche und Spielerische.

Ich laufe mindestens »einen Marathon« jeden Monat, allerdings verteilt auf viele kleine Einheiten: im Schnitt 1–2 Kilometer jeden Morgen, manchmal sind es auch 5, ganz selten 10. Das ist genau richtig für mich.

Meine Fähigkeit zur Umdeutung hat nicht nur dazu geführt, dass ich regelmäßig laufen gehe, sondern sorgt auch dafür, dass ich zufrieden bin mit dem, was ich tue. Ich muss keinen Marathon oder etwas Ähnliches schaffen und habe seit diesem Tag auch keine Diät mehr gemacht. Weder mit Pillen noch mit Pulver. Wenn ich etwas verändern will, dann verbessere ich meine Ernährung und mache mehr Sport.

NEUE DEUTUNG – ANDERES VERHALTEN, ANDERE GEFÜHLE

Reframing hat einen unmittelbaren Einfluss auf unser Verhalten. Vor kurzem hatte ich einen Raucher in meinem Kurs, der mir erzählte, wie eine Umdeutung vor ein paar Jahren bei ihm eine große Veränderung bewirkt hatte:

Seit ich rauche, werfe ich meine Zigarette auf den Boden und trete sie aus. Eines Tages aber stand ich am Bahnhof mit ein paar Pfadfindern und unterhielt mich. Ich warf meine Kippe weg und trat sie aus. Einer von ihnen hob sie auf und behielt sie solange in seiner Hand, bis wir uns voneinander verabschiedeten. Dann ging er damit zum nächsten Mülleimer und entsorgte meinen Zigarettenstummel. Das war mir unangenehm. So peinlich. Von diesem Tag an habe ich nie wieder eine Zigarette auf den Boden geworfen und ausgetreten. Da hatte sich auf einmal ein Schalter umgelegt und diese neue Sicht auf die Situation hat automatisch auch mein Verhalten verändert.

Eine weitere, gelungene Umdeutung habe ich von einer Mutter erzählt bekommen. Sie hat mit ihrer Familie die Kategorien für Lebensmittel erweitert. Statt lediglich die Kategorien oder Deutungen von »schmeckt gut« und »schmeckt nicht« zu verwenden, die meistens dazu führten, dass ihre Kinder das Essen akzeptierten oder ablehnten, wurde noch eine weitere Kategorie hinzugenommen: »schmeckt gesund«. Bestimmte Sachen schmecken vor allem »gesund«, also weder »gut« noch »nicht gut«. Dadurch hatte die Familie mehr Nuancen »auf dem Tisch«, konnte über Gesundheit im Allgemeinen sprechen und war nicht beschränkt auf die Einteilung der Lebensmittel in entweder-oder.

Eine gelungene, echte Umdeutung lässt sich aber nicht nur in einem veränderten Verhalten ablesen, sie führt auch zu einer emotionalen Veränderung. Karla (18) hatte eine Kindheit voller Gewalt und Missbrauch. Darum nannte sie sich »eine Überlebende«. Es machte sie irgendwie stolz, sich selbst als eine Überlebende zu sehen. Gleichzeitig aber spürte sie, wie dieses Etikett sie beschränkte. Jedes Mal, wenn sie die Bezeichnung »Überlebende« verwendete, richtete sie ihre Taschenlampe im Kopf auf den Missbrauch und die Übergriffe, die sie erlebt und überlebt hatte.

»Überlebende, Missbrauch, Übergriffe«. Auch hier greift die Spielregel des Gehirns, die wir bereits kennen: »Neurons that fire together, wire together. – Gehirnzellen, die gleichzeitig aktiviert werden, verbinden sich.« Wenn Karla ihr Selbstbild der »Überlebenden« aufrief, erinnerte sie sich automatisch an die Gewalt, der sie in ihrer Kindheit ausgesetzt war. Mit jeder Aktivierung wurden die Gräben der Erinnerungen tiefer. Die Neurowissenschaftler sagen dazu, dass die kortikale Karte zusammenwächst. In diesem Fall bedeutet es, dass das »Überlebende-Etikett« und die »Übergriff-Erinnerung« eins wurden. Statt Karla in ihrer Entwicklung zu unterstützen, stärkte das Wort »Überlebende« das Gefühl, dass die Gewalt und die Übergriffe Teil ihrer Identität waren.

Als Karla die Zusammenhänge erkannte, änderte sie ihre Deutung von sich selbst. Seitdem ist sie »die Flamme, die andere inspiriert« und »eine Sonnenblume, die sich nach der Sonne streckt«. Diese Metaphern machten sie viel fröhlicher. Sie hatte erkannt, dass es ihr nicht gelingen würde, sich emotional von diesem Teil ihrer Geschichte zu distanzieren, wenn sie von sich als »Überlebende« sprach. Solange sie ihre Geschichte immer wiederholte, würden keine neuen, unterstützenden Verknüpfungen entstehen.

Es ist eine Grundvoraussetzung – das A und O –, dass du am besten täglich übst, umzudeuten. Denn erst dann kannst du es anderen beibringen. Es ist wichtig, dass du »deine Medizin regelmäßig nimmst«. Dass du ein glaubwürdiger und vertrauenswürdiger Anwender dieser Disziplin wirst, bevor du versuchst, dein Wissen an andere weiterzugeben. Die folgenden Kapitel sollen dazu inspirieren. Wenn du die Methode des Reframings eingeatmet hast, sie dir vertraut ist, kannst du dieses Werkzeug an Kinder und Jugendliche weitergeben.

10

SPIELE, DIE BEIM UMDEUTEN HELFEN

Wenn wir die Methode der Umdeutung beherrschen, können wir die Kaperversuche unserer Amygdala in Situationen verhindern, die unser Gehirn als gefährlich und bedrohend abgespeichert hat. Das ist Trine mit ihrem Sohn Elliot gelungen, der immer die Milch verschüttete.

Kinder und Jugendliche können ihre Reaktionen selbst korrigieren, wenn sie gelernt haben, bewusst umzudeuten. Solange sie die Methode noch nicht meistern, kannst du ihnen bei der Umdeutung helfen, damit sie ihr emotionales Gleichgewicht wiederfinden.

Es ist keine leichte Aufgabe, die Amygdala in sozialen Situationen effektiv zu regulieren, damit wir (oder das Kind) nicht rot sehen. Darum geht es, wenn wir von Resilienz im Alltag sprechen: Im Angesicht einer Herausforderung sein kreatives und stärkendes Gleichgewicht wieder zu erlangen. Und vorbauen zu können, damit das Ungleichgewicht (und der lange Weg zurück) nicht unnötig groß (und beschwerlich) wird.

Ich stelle dir jetzt ein paar Methoden vor, die dich bei dem Prozess der Umdeutung unterstützen. Allerdings will ich nicht unerwähnt lassen, dass die Taschenlampe im Kopf – clever eingesetzt – auch schon zu einer Umdeutung führen kann. Ein Beispiel:

Ich wurde gebeten, mir die Interaktionsmuster einer Familie anzusehen, die in London lebt. Die Eltern hatten mit einigen Herausforderungen zu kämpfen, vor allem mit ihrem mittleren Kind. Nennen wir ihn Samuel. Er war fünf Jahre alt und schlug sich selbst, wenn er aufgeregt war. Bis zu meinem Besuch in der Familie hatte die Mutter immer nach demselben Muster darauf reagiert. Sie sagte »Bitte, hör auf damit, Samuel!« oder »Du sollst dich nicht schlagen!«. Nachdem die Eltern von der Taschenlampe im Kopf gehört hatten, änderten sie ihre Reaktion und sagten stattdessen: »Pass gut auf deine Hand auf. Ich liebe dich!« Dann umarmte die Mutter ihn. Und der Vater sagte: »Ich finde alles auch manchmal ganz schön schwer. Das ist in Ordnung. Ich helfe dir gerne.« Dann umarmte er ihn. Die Eltern hatten die Autoaggression ihres Sohnes umgedeutet: Von »einer unüberwindbaren Herausforderung« in »eine Einladung, Samuel unsere Liebe und unser Verständnis zu zeigen«. Durch die Umdeutung gewannen sie Überschuss und Gelassenheit.

Aber es gibt auch andere Methoden, und die sehen wir uns jetzt an. Eine besonders effektive ist es, sich Fragen zu stellen, die einen dazu bringen, eine Situation, eine Person oder eine Beziehung mit anderen Augen und aus einer neuen und vielversprechenden Perspektive zu betrachten.

DAS GUTE IM SCHLECHTEN FINDEN – IN JEDER SITUATION

Die Methode *Das Gute im Schlechten finden* (auch bekannt als *benefit finding*) stammt ursprünglich aus dem Forschungsbereich des posttraumatischen Wachstums. Von posttraumatischem Stress haben viele schon gehört, aber was ist posttraumatisches Wachstum? Menschen, die eine traumatische Erfahrung gemacht haben – Missbrauch, schwere Krankheit, Krieg, Entführung, Überfall, Todesfall in der Familie oder etwas Ähnliches – kommen zum Teil gestärkt aus dieser Situation. Sie wachsen als Mensch an ihrem Umgang mit der Krise. Vielleicht erkennen sie ihre eigenen Stärken und Werte. Oder die Kraft ihres sozialen Netzwerkes. Oder sie ändern die Prioritäten im Leben und sind dankbar für das, was sie haben. Vielleicht engagieren sie sich auch für eine Sache und entdecken eine bis dahin ungeahnte Kraft in sich.

Das soll nicht heißen, dass sie es ein zweites Mal erleben wollten, falls sie eine magische Fernbedienung hätten und ihr Leben nochmal von vorne beginnen könnten. Sie haben sich die Fähigkeit angeeignet, etwas Gutes im Schlechten, das ihnen zugestoßen ist, zu finden. Nicht das Erlebnis hat zu ihrem posttraumatischen Wachstum geführt, sondern ihr Umgang mit dem Erlebten hat sie als Menschen wachsen lassen.

Eine Gruppe von Abteilungsleitern wollte diese Methode in einem meiner Workshops anhand eines sehr umstrittenen Aktionsplans ausprobieren, den sie seit Jahren bekämpften und kritisierten. »Wenn es uns gelingt, etwas Gutes an diesem Aktionsplan zu finden, dann funktioniert die Methode wirklich«, sagte einer der fünf Teilnehmer. 12 Minuten später hatte jeder von ihnen eine Liste mit positiven Aspekten und Vorzügen des Plans angefertigt. Wir zählten zusammen, wie viele sie zusammengetragen hatten. Allen Teilnehmern standen Augen und Münder offen, als wir feststellten, dass die Bruttoliste 100 Punkte umfasste. Nach etwa einer Stunde hatten wir uns einen Überblick verschafft und eine Nettoliste erstellt. Auch sie zählte noch 81 Punkte.

81 Vorzüge hatte der Plan, der seit Jahren die Kraft und Energie einer ganzen Belegschaft gekostet hatte!

Das Ziel der Methode ist nicht, eine Person »umzukrempeln«, damit sie plötzlich Fan von einer Sache wird, die sie vorher abgelehnt hat. Das Ziel ist, mehr Nuancen und Ebenen in Betracht zu ziehen als bisher. Statt sich an seiner ursprünglichen Deutung festzubeißen – die Ressourcen frisst und die kognitiven Kapazitäten lähmt, weil sie Wut oder Enttäuschung verursacht –, ermöglicht die Methode, sich neue Deutungsräume zu erschließen. Diese Räume können ganz systematisch erschlossen werden, wenn man das will – und sie werden uns daran erinnern, dass unsere aktuelle Deutung tatsächlich nur eine von vielen Möglichkeiten ist.

Die Jüngsten helfen dem grummeligen Herrn Munk

Wenn kleine Kinder mit der Methode vertraut werden sollen, bietet es sich an, sie ihnen mithilfe einer Situation zu erklären, die ihnen vertraut ist. Ich lese ihnen zum Beispiel eine Geschichte vor. Die vom Ausbrecherkönig und dem Einbrecher. Darin lernen sie den grummeligen Herrn Munk kennen, der, höflich ausgedrückt, sehr temperamentvoll ist und leider schnell wütend wird. Am Ende der Geschichte tue ich so, als hätte Herr Munk den Kindern noch einen Brief geschrieben:

Liebe Kinder,

ich werde sehr schnell wütend. Und wisst ihr was? Ich werde RICHTIG wütend, wenn es regnet. Dann fällt mir Wasser auf die Nase und das kann ich ÜBERHAUPT NICHT leiden. An Regen ist ÜBERHAUPT GAR NICHTS gut … STIMMT DOCH, ODER?

Mit Grüßen Herr Munk

Die Kinder rufen alle durcheinander: »Doch!«, »Wohl!« und haben schon mit ihrem ersten Reframing angefangen. Hier kommt die Liste mit Vorzügen des Regens einer Gruppe von Vier- bis Sechsjährigen.

Wenn es regnet, kann man

- die Zunge rausstrecken und Wasser trinken.
- in Pfützen springen.
- die Bäume schütteln und sich darunter duschen.
- Regenwürmer sammeln und mit ihnen spielen.
- eine Wasserschlacht machen.
- Schlammkuchen backen und im Matsch spielen.
- mit Laufrädern oder Fahrrädern durch die Pfützen fahren.
- nasse Haare bekommen.
- einen schönen Regenschirm benutzen.
- im Sand zeichnen/schreiben.
- schneller die Rutsche herunterrutschen.
- einen Regenwurm essen ☺
- drinnen oder draußen einen warmen Kakao trinken.
- ein Picknick im Regen (oder im Spielhaus im Garten) machen.
- schöne Regenbogen entdecken.
- schöne Farben in der Natur sehen.

Wenn es gar nie regnen würde,

- wäre das Gras nicht grün.
- könnten das Getreide, die Früchte und das Gemüse nicht wachsen.
- hätten wir nichts zu essen (Regen produziert Lebensmittel).
- würde die Natur nicht so herrlich duften. Außerdem bekommt man rote Wangen von der frischen Luft!
- Außerdem:
- »Wir würden Herrn Munk gerne sagen, dass es nicht schlimm ist, Wasser auf die Nase zu bekommen!«

- »Wir würden gerne den Herrn Munk besuchen und mit ihm im Regen spielen!«

Mit dieser Übung konnten die Kinder trainieren, die Vorzüge einer ›ungefährlichen‹ Situation zu finden. Ihre Kompetenz konnte entwickelt werden, ohne dass die Amygdala in den roten Bereich schoss und somit jedes Lernen verhinderte.

Danach kann man ganz allmählich damit beginnen, das auch mit emotional anspruchsvolleren Umständen zu üben. Zum Beispiel kann man das Gute im Schlechten finden, wenn man

- krank ist und zu Hause bleiben muss.
- nicht bei den anderen mitspielen darf.
- etwas verboten bekommt, was man gerne gemacht hätte.

Was für Vorzüge kann es denn beispielsweise geben, NICHT bei den anderen mitspielen zu dürfen? Hier ist die Liste einer Gruppe von Vier- bis Fünfjährigen:

- Ich kann mit anderen Kindern spielen – und so vielleicht neue Freunde finden.
- Ich kann mir ein eigenes Spiel ausdenken.
- Ich kann eine Pause machen und mich ausruhen.
- Ich kann zu einem Erwachsenen gehen und mich mit ihm unterhalten.
- Ich kann zu einem Erwachsenen gehen und umarmt werden.
- Manchmal will ich auch nur mit bestimmten Freunden spielen und nicht mit anderen.
- Ich kann »Macht nichts!« sagen.
- Ich kann mir eine so tolle Rolle ausdenken, dass die anderen mich einfach dabei haben MÜSSEN.

GEDANKEN LÖSEN GEFÜHLE AUS

Du kannst deinem Kind bei der Umdeutung helfen, indem du es die Konsequenzen seiner Deutung entdecken lässt. Es gibt in jeder Situation Umstände, die wir nicht beeinflussen können, aber auch immer welche, auf die wir sehr wohl Einfluss haben. Ein Beispiel: Viele Kinder haben bei Gewitter Angst, wenn es donnert und blitzt.

Eine ganz gängige kindliche Deutung lautet:

GEWITTER = GEFÄHRLICH → ANGST

Kurzum: Gewitter ist gefährlich (und diese Deutung macht mir große Angst).

Wir wissen, dass die kortikale Karte zusammenwächst, wenn die Hirnzellen im gleichen Takt schwingen. Man muss diese Situation (Gewitter) auch nicht besonders oft mitgemacht und an die Deutung *(Gefahr)* und das Gefühl *(Angst)* gekoppelt haben, bis es im Gehirn zu einem Ganzen geworden ist. Dann sind es keine separaten Einheiten mehr, sondern ein einziges Erlebnis und beim geringsten Rumpeln am Horizont jagt die Amygdala in die Höhe.

Die folgende Liste hat eine Gruppe von Neun- bis Zehnjährigen erstellt. Was kann ich an einem Gewitter NICHT ändern?

- Ich kann nicht dafür sorgen, dass es aufhört. Ich kann nicht in die Wolken fliegen und sagen: »Hör auf zu donnern und zu blitzen!«
- Ich kann das Gewitter nicht verkürzen. Das Gewitter braucht so lange, wie es eben braucht.
- Ich kann auch die Lautstärke nicht ändern.
- Wenn das Gewitter schon begonnen hat, kann ich an meinem Aufenthaltsort nichts ändern.

Auf was kann ich meine Taschenlampe im Kopf richten, damit

ich fröhlich und ruhiger werde?

- Ich kann mich entspannen.
- Ich kann mir sagen: »Das ist nur ein Gewitter, alles okay!«
- Ich kann mir sagen: »Hier bin ich sicher!«
- Ich kann mich unter die Decke kuscheln und ein Buch lesen.
- Ich kann vom Fenster weggehen.
- Ich kann es mir gemütlich machen, ein Spiel spielen oder an etwas anderes denken.
- Ich kann mich von einem Erwachsenen in den Arm nehmen lassen.
- Wir können uns einen Kakao machen.
- Wir können eine Höhle bauen: eine Gewitterhöhle.
- Ich kann mir sagen: »Mein Kopf dreht gerade vor Aufregung durch. Das ist vollkommen in Ordnung.«
- Ich kann mir sagen: »Was habe ich für ein Glück, dass mein Haus einen Blitzableiter hat und ich hier sicher bin!«
- Ich kann mir sagen: »Was habe ich für ein Glück, dass ich einen Unterschlupf habe.«
- Ich kann mir sagen: »Es ist eigentlich ganz gemütlich hier bei Gewitter.«
- Ich kann beim Essen kochen helfen.

Deutungen erzeugen Gedanken. Gedanken lösen Gefühle aus. Das ist für Kinder eine wichtige Erkenntnis. Eine Investition fürs Leben.

Auf was kann ich meine Taschenlampe im Kopf richten, damit ich noch ängstlicher und nervöser werde?

- Ich kann mir sagen: »Jetzt sterbe ich!«
- Ich kann mich ans Fenster setzen und sagen: »Oh Gott, jetzt gleich explodiert das Fenster!«
- Ich kann mir sagen: »Hilfe, der Blitz schlägt bei uns ein!«

- Ich kann mir sagen: »Hoffentlich geht das Dach nicht kaputt!«
- Und wenn die Eltern nicht zu Hause sind, kann ich sagen: »Hoffentlich werden Mama und Papa auf dem Heimweg nicht vom Blitz getroffen.«

Wenn man die Taschenlampe im Kopf auf diese Punkte richtet, steigt die Amygdalaaktivität höher und höher. Am Ende wird man eventuell von ihr gekapert: Das Gehirn »verschlammt«. Das zu wissen, ist wichtig für Kinder: Deutungen erzeugen Gedanken. Gedanken lösen Gefühle aus. *Ich selbst habe den Schlüssel zur Lösung, ich kann meine Gedanken lenken.*

Die Methode ›Gutes im Schlechten‹ ist besonders geeignet, um mit Kindern das Umdeuten zu üben.

Wir alle – Erwachsene und Kinder – müssen erkennen, dass es in jeder Situation etwas gibt, wogegen wir nichts ausrichten können, aber auch immer etwas, das wir verändern können. Die Kunst liegt darin, das zu verstehen.

Im Falle des Gewitters können wir nichts gegen das Gewitter selbst ausrichten. Aber wir können, wenn es donnert und blitzt, unsere Gedanken und Handlungen beeinflussen und steuern. Es gibt Dinge, die uns beruhigen, und andere, die uns noch ängstlicher machen.

Diese Entscheidung treffen wir mit unserem Gehirn. Für Kinder und Jugendliche ist das Erlernen dieser Fähigkeit eine Investition fürs Leben. Der Holocaust-Überlebende Viktor Frankl hat das so formuliert: »Alles kann man einem Menschen nehmen, außer seine letzte Freiheit: in jeder Situation seine Einstellung und Haltung zu wählen!«

DAS SPIELEN AUF DER ERFOLGSTASTE

Die Erfolgstaste unseres inneren Klaviers haben wir schon kennengelernt (im 4. Kapitel). Auch sie ist eine Methode, um Situationen neu zu bewerten. Wenn wir anfangen, sie systematisch zu benutzen, stärken wir nicht nur die Resilienz unseres Kindes. Häufig entwickelt das Kind dann auch die Fähigkeit, die Erfolgstaste bei einem anderen Kind zu bespielen.

Meine älteste Tochter Celina war fünfeinhalb Jahre alt, als wir in den Skiferien eines Morgens auf dem Weg zur Skischule waren. »Ich habe ein bisschen Angst«, sagte sie, während wir Hand in Hand durch den Schnee liefen. »Das kann ich gut verstehen«, antwortete ich. »Neue Sachen wirken am Anfang manchmal ganz schön gefährlich. Aber dann übt man das ein wenig und plötzlich ist es gar nicht mehr so neu. Dann fühlt man sich sicherer. Ich kannte mal ein Mädchen, die hatte ihre erste Stunde Schwimmunterricht und hatte große Angst davor, Wasser ins Gesicht gespritzt zu bekommen. Sie traute sich nicht, mit dem Kopf unterzutauchen, und wollte bei keiner der Übungen mitmachen. Aber heute – ein halbes Jahr später – kann sie drei Meter unter Wasser tauchen. Und sie liebt es!«

Celina lächelte mich an. Sie wusste ja, wer dieses Mädchen war. Als ihr Vater sie an diesem Nachmittag von der Skischule abholte und sie fragte: »Hand aufs Herz, wie hat es dir heute in der Skischule gefallen?«, erwiderte Celina: »Ich glaube, es war mein schönster Tag beim Skifahren« und strahlte übers ganze Gesicht.

Ein paar Wochen später stand unsere Jüngste Alicia vor der großen Aufgabe, auf den Topf zu gehen. Die beiden Mädchen waren allein im Badezimmer und unterhielten sich. Alicia wollte nicht auf den Topf. Aber Celina erinnerte ihre kleine Schwester an bereits gemachte, erfolgreiche Erfahrungen:

»Wirst du noch gestillt?«

»Nein!«, antwortete die kleine Schwester.

»Hast du noch einen Schnuller?«

»Nein!«, antwortete die kleine Schwester.

»Und bald wirst du auch keine Windeln mehr tragen. Dann gehst du auf den Topf. Oder auf die Toilette. Du musst es nur ein biiiiisschen lernen. Dann kannst du das auch!«

Sich an vergangene Erfolge zu erinnern – wenn einem die bevorstehende Aufgabe schwer erscheint – ist eine der wichtigsten Lehren, die wir unseren Kindern mitgeben können. Ganz gleich, ob die Zweijährige Angst hat, der Zehnjährige sich ausgeschlossen fühlt oder die Vierzehnjährige sich hässlich und verpickelt findet. Es geht um eine Perspektive. Um das große Ganze. Darum, die Situation von weitem zu betrachten und seine eigenen (festgefahrenen) Gefühle zu erkennen.

11

WENN ETWAS RICHTIG SCHWER FÄLLT

Mathematik. Kunst. Englisch. Deutsch. Physik. Die Liste der Fächer, die Kinder »ärgern«, ist lang. Wie machen wir unser Gehirn zu einem Mitspieler, wenn wir etwas als schwer und schwierig erleben? In einer Zeit, in der viele Kinder unter starkem Druck leiden, sich im Alltag gestresst fühlen, ist es besonders wichtig, dass sie den Stress reduzieren können, indem sie ihre innere Ruhe, den Überblick und das Vertrauen stärken. Das Alter deines Kindes ist nicht entscheidend, um seine Resilienz in der Schulzeit zu stärken.

Es ist nicht möglich, emotionale Zustände aus dem Gehirn zu löschen oder zu unterdrücken. Was man eigentlich löschen wollte, bekommt dadurch erst Nahrung: Es wächst. Stattdessen sollte man nützliche und erwünschte Alternativen finden und diese stärken. Wenn die »erwünschten« Zustände gestärkt werden, werden automatisch die »unerwünschten« gedämpft: Sie verlieren an Kraft. Eine einfache und ziemlich effektive Methode ist, dass sich das Kind beim Erlernen von neuen Inhalten kleine, ehrliche Notizen macht. Diese Notizen sollten direkt ins Lehrbuch geschrieben werden (oder auf einen Post-it) – am besten in einer bestimmten Farbe, einer Lernfarbe. Wenn dein Kind zum Beispiel über ein Thema »stolpert«, nicht weiterkommt und den neuen Stoff furchtbar schwer findet, kann es sich eine kleine Notiz an den Rand machen. Zum Beispiel:

Das war schwer – 2. März 2017

Was diese Technik bewirkt? Sie stärkt die Perspektive des Kindes und seine Fähigkeit, einen Sachverhalt mit Distanz von oben zu betrachten. Wenn es dann zwei oder zehn Monate später die Notiz findet – und in der Zwischenzeit den vorher so komplizierten Stoff tatsächlich verstanden hat – wird es vielleicht ausrufen: »Ach, das ist doch total leicht.« Oder: »Das kann ich jetzt ganz gut!« Oder: »Stell dir vor, dass ich das mal nicht verstanden habe!«

Zwar richtet das Kind mit der Notiz die Taschenlampe in seinem Kopf auf einen Zustand, den es eigentlich löschen will oder überwinden will (hier: der schwere neue Stoff). Aber die Notiz ist in der Vergangenheitsform geschrieben – *Das war schwer* – und weist dadurch darauf hin, dass es mithilfe neu erworbener Fertigkeiten überwunden und bewältigt werden kann, weil das Kind an Reife und Erfahrung dazugewonnen hat.

Dadurch wird nach und nach der Glaube an sich selbst aufgebaut: »Ich kann!«, »Geduld und Vertrauen lohnen sich« und »Verwirrung ist der erste Schritt, danach kommt das Lernen«. Das sind sehr wirkungsvolle Erkenntnisse und Überzeugungen. Meistens denken wir Menschen aber das Gegenteil. Wir sind der Überzeugung, dass wir für die Dinge, die uns schwer fallen, einfach kein Talent haben. Bei genauerer Betrachtung aber entdecken wir, dass alle, die in etwas besonders gut sind, sehr viel geübt haben. Immer und immer wieder. Und dass sie in der Regel ein »dynamisches Selbstbild« entwickelt haben.

DAS DYNAMISCHE SELBSTBILD

Was verstehst du unter Intelligenz?
Werden wir damit geboren?
Oder können wir sie uns aneignen?

Menschen mit starren Vorstellungen von Intelligenz (auch *statisches Selbstbild* genannt) sind der Ansicht, dass Intelligenz auf einer unveränderbaren, angeborenen Fähigkeit basiert. Menschen, die eine offenere Einstellung zum Leben haben (hier spricht man von einem *dynamischen Selbstbild*), betrachten den Intelligenzquotienten hingegen als eine veränderliche Größe, die davon beeinflusst wird, wie hart man arbeitet.

Forschungsergebnisse belegen, dass Kinder mit einem dynamischen Selbstbild in der Regel eine bessere Ausbildung genießen und mehr Erfolg haben als jene mit einem eher statischen Selbstbild. Sie belegen aber auch, dass man jederzeit ein dynamisches Selbstbild entwickeln kann. Du kannst dir also antrainieren, dich und Situationen als »veränderlich und lebendig« statt als »festgefahren und statisch« zu betrachten. Du kannst es üben, neugierig und wissensdurstig zu sein, an der Oberfläche zu kratzen.

Das Verhalten deines Kindes kannst du als eine Phase betrachten (als etwas vermutlich Vorübergehendes). Das stärkt dein Kind viel eher, als wenn es mit vorgefertigten Urteilen abgestempelt wird: »Du bist immer ...« oder »Du bist ein/eine ...«.

30 Jahre Forschung haben ergeben, dass man Kinder nicht pauschal und auch nicht nur für ihr Ergebnis loben sollte, sondern vielmehr für ihren Einsatz und Eifer: »Das war cool, dass du es immer wieder versucht hast« oder »Du hast so viele Strategien ausprobiert, bis du die richtige für dich gefunden hast.«

Folgende Studie sollte uns zu denken geben: Man ließ zwei Gruppen von Kindern dieselbe Aufgabe lösen. Danach wurden sie von den Forschern gelobt. Die eine Hälfte bekam Lob für ihre Intelligenz, die andere Hälfte für ihren Eifer und die Leistung. Die Kinder wurden also entweder für ihre Intelligenz oder für ihren Eifer und Einsatz gelobt. Danach sollten sie sich eine nächste Aufgabe aussuchen: Entweder eine Aufgabe, die schwerer war, als die vorhergehende, oder eine gleich schwere. 90 Prozent der Kinder, die für ihren Eifer gelobt worden waren, entschieden sich für die größere Herausforderung, während sich die meisten der Kinder, die für ihre Intelligenz gelobt worden waren, für die gleich schwere Aufgabe entschieden. Das Ergebnis überraschte die Forscher und sie schlossen daraus, dass wir Kindern mit dem Lob der Intelligenz offenbar gleichzeitig signalisieren, dass sie kein Risiko eingehen sollen. Aber es ist viel klüger, ihre Lust zu fördern, eine Herausforderung anzunehmen und ein Risiko einzugehen.

Wenn du den Eifer deines Kindes lobst – statt seiner Intelligenz – entfachst du Wissensdrang und Neugierde.

Wie macht ihr das als Eltern? Lobt ihr eurer Kind, indem ihr sagt »Du bist so klug!« oder richtet ihr die Taschenlampe auf den Eifer eures Kindes und sagt zum Beispiel »Richtig gut gekämpft!«?

DIE ANGST VORM VERSAGEN

Der folgende Schritt im Rahmen dieses Experiments zeigte, dass Versagensangst den Lernprozess hemmt. Die Kinder bekamen als nächstes einen Test vorgelegt. Der Test war für drei Jahre ältere Kinder konzipiert. Die Forscher wollten sehen, wie die Probanden mit der Herausforderung umgingen. Die Gruppe, die für ihren Eifer gelobt wurde, machte sich mit Begeisterung an den Test: »Das ist mein Lieblingstest!« sagten einige. Die andere Gruppe, die für ihre Intelligenz gelobt worden war, ließ sich leichter abschrecken. Ihren ersten, unvermeidlichen Fehler deuteten sie als Fiasko und bekamen Zweifel: »Vielleicht bin ich ja doch nicht so klug?« Sie neigten eher dazu, sich mit den Kindern zu vergleichen, die noch schlechter im Test abgeschnitten hatten als sie. Im Gegensatz dazu zeigten die Kinder der anderen Gruppe sehr großes Interesse an den Kindern, die im Test besser als sie selbst abgeschnitten hatten. Diese Kinder hatten ein dynamisches Selbstbild von sich entwickelt. Sie wollten die Aufgaben wirklich verstehen, aus ihren Fehlern lernen und es beim nächsten Mal besser machen.

In der letzten Testrunde war der Schwierigkeitsgrad wie in der allerersten Aufgabe. Und das Ergebnis war verblüffend: Die Kinder, die für ihren Eifer gelobt worden waren, hatten sich um 30 Prozent verbessert. Die Kinder hingegen, die für ihre Intelligenz gelobt worden waren, hatten sich um 20 Prozent verschlechtert. Ihr »Versagen« hatte sie so tief erschüttert, dass sie die letzte Aufgabe wesentlich schlechter bewältigten.

Dafür gibt es eine gute Erklärung. Unser Arbeitsgedächtnis hat eine sehr begrenzte Kapazität, aber es ist ausschlaggebend für unsere Leistungen. In Situationen wie den oben beschriebenen ist es entscheidend, dass es uns gelingt, unser Arbeitsgedächtnis von störenden und leistungshemmenden Gedanken (etwa: »Das kann ich sowieso nicht« oder »Das ist viel zu schwer«) zu befreien. Solche Gedanken sind mentale Parasiten: Sie stehlen dem Gehirn Energie und Fokus.

Der innere Diskurs hat ebenfalls einen großen Einfluss auf unsere Leistung. Das zeigt ein weiteres Beispiel aus der Kreativitätsforschung. Einer Gruppe von Probanden wird ein verschwommenes Bild gezeigt (Version A), das sie beschreiben sollen. Einer zweiten Gruppe wird das identische Bild gezeigt, das zwar noch verschwommener ist (Version B), aber stufenweise an Schärfe gewinnt. Und obwohl das Bild immer deutlicher wird (am Ende sogar deutlicher als bei Version A), hat diese Gruppe größere Schwierigkeiten, das Gesehene zu entschlüsseln. Wenn wir also etwas »unvoreingenommen«, »mit frischem Blick« betrachten können (und noch keinen Platz im Arbeitsgedächtnis mit Raten und Zweifeln belegt haben, ob wir der Aufgabe überhaupt gewachsen sind), lösen wir Aufgaben wesentlich schneller.

Die besten Voraussetzungen für die Lösung einer Aufgabe sind genügend freier Platz im Arbeitsgedächtnis, die Fähigkeit zu fokussieren und eine gute Portion Optimismus. Wenn wir das dann mit Geduld, Neugierde und Ausdauer kombinieren, hat unser Kind viel Spielraum. Wenn man Kinder befragt, wie lange sie an einer Mathematikaufgabe sitzen, bis sie feststellen, dass sie zu schwer ist, variieren die Antworten stark. Von 30 Sekunden bis zu fünf Minuten ist alles dabei, im Schnitt also etwa zwei Minuten. Viele sind der Meinung, dass es angeboren ist, gut in Mathe zu sein. Aber laut Forschung hat das eher mit der inneren Einstellung zu tun als mit bestimmten angelegten Fähigkeiten: Hast du Lust, es auszuprobieren? Kannst du deinen Fokus so lange behalten? Und hast du die Geduld, dranzubleiben, bis du ein Ergebnis erzielt hast?

DAS IST ALLES EINE PHASE – ERMUTIGE DEIN KIND!

Was unterscheidet diejenigen, die vor einer Aufgabe kapitulieren, von jenen, die dranbleiben? Ein wichtiger Faktor ist der Erklärungsstil, den wir verwenden. Was damit gemeint ist? Der Erklärungsstil bestimmt, wie wir uns und die Situation auslegen und beschreiben. Wenn wir von »nie« und »immer« sprechen, ist das ein Beispiel für generalisierende Sprache. Mit ihr bezeichnet man etwas, das immer (oder eben nie) so und so ist. Man kann Umstände, Sachverhalte, Situationen als etwas Vorübergehendes beschreiben (als Phase, Zustand, der vorbeigeht) oder als etwas Beständiges (das folglich und unweigerlich zur Identität einer Person oder einer Situation gehört).

Ein Beispiel für verschiedene Erklärungsstile soll zeigen, wie unterschiedlich wir uns und Situationen erklären und auslegen können. »Ich kann kein Mathe.« versus »Heute ärgert mich Mathe ziemlich!« – im ersten Ausspruch signalisieren die Worte, dass die mangelnde Kompetenz ein Teil der kindlichen Identität ist (»Ich kann kein Mathe«), während im zweiten die Rede von einem vorübergehenden Phänomen (»Heute ärgert mich Mathe ziemlich!«) ist.

Mit kleinen Veränderungen und brainsmarten Wörtern kannst du signalisieren, dass nichts statisch ist. Das gibt deinem Kind Hoffnung.

Menschen, die positive Ereignisse *statisch* beschreiben und negative Ereignisse als *vorübergehend*, sind in der Lage, schneller mit Rückschlägen, Widerstand und Problemen fertig zu werden. Darum sollten wir in kritischen Situationen mehr Wendungen einbauen, die das Vorübergehende betonen – um uns daran aufrichten zu können und uns die Möglichkeit zu geben, uns wieder zu fangen und zu erholen.

KONSTRUKTIVER ERKLÄRUNGSSTIL FÜR DEN ALLTAG

Welchen Erklärungsstil du deinem Kind vorlebst, ist entscheidend. Wir sollten als Eltern auf jeden Fall signalisieren, dass wir die Kinder nicht in Schubladen stecken, sondern sie als Menschen auf einer Entwicklungsreise sehen, die aus vielen verschiedenen Phasen besteht.

Durch kleine Veränderungen in unserem Sprachgebrauch können wir das deutlich machen – dazu braucht es gar nicht viel:

» Welche Lieblingsfarbe hast du *heute*?
» Was spielst du *im Moment* am liebsten?
» *Jetzt gerade* ist es vielleicht noch ein bisschen schwer, aber

wenn du *dann* ein bisschen geübt hast, wird es viel leichter. Wollen wir zusammen üben?

» Das ist *im Augenblick* nicht dein Lieblingsessen, stimmt's? Aber so etwas kann sich *ändern.*

» Ich kann verstehen, dass du findest, du wärst darin *noch* nicht gut genug. Wenn du es öfter trainiert hast, wird es *anders.*

» *Am Anfang* muss man sich *erst einmal* daran *gewöhnen*, in den Kindergarten/in die Schule zu gehen. Das wird bestimmt *im Laufe der Zeit* immer besser.

» *Bis heute* hast du immer gedacht, dass du nicht Seil springen kannst. Und was ist da gerade passiert! *Jetzt* kannst du es.

» Du fühlst dich *jetzt noch* nicht danach, Entschuldigung zu sagen? Das ist okay – wenn du *ein bisschen älter geworden bist,* wirst du lernen, dass es gut ist, in solchen Situationen »Entschuldigung« zu sagen.

Mit solchen Varianten in der Hinterhand hast du die besten Voraussetzungen, nicht zu jenen Eltern zu gehören, die in 20 Jahren immer noch der Ansicht sind, dass ihr Kind keinen Kaffee mag, weil sie oder er ihn als Teenager nicht mochte.

Mit kleinen Veränderungen und brainsmarten Wörtern können wir signalisieren, dass nichts statisch ist, und dadurch Hoffnung verbreiten. Außerdem vergrößert das unsere Neugier, die Entwicklung des anderen zu verfolgen. Lass uns das letzte Beispiel mit der Entschuldigung etwas genauer ansehen. Wie kann ein brainsmarter Erwachsener hirnschlau mit einer solchen »Entschuldigungssituation« umgehen, ohne daraus eine Statusbedrohung werden zu lassen? Der Erwachsene hat das Kind eventuell aufgefordert, sich zu entschuldigen. Das Kind geht nicht darauf ein; verweigert sich. So eine Situation kann sehr schnell eskalieren, vor allem, wenn der Erwachsene zulässt, dass seine Amygdala ihn kapert und seine innere Ruhe und Ausgeglichenheit ausschaltet. Denn das überträgt sich sofort aufs Kind.

Was also kannst du in so einer Situation tun? Bestehst du

darauf, dass sich das Kind entschuldigt, und »zwingst« es dazu – ganz gleich, ob das Kind die Entschuldigung ernst meint oder nicht? Oder wählst du einen anderen Weg?

Mit den Spielregeln des Gehirns in der Tasche bietet sich dir eine größere Palette an Möglichkeiten als das Erzwingen einer Entschuldigung. Daraus kann nämlich schnell eine Statusbedrohung werden: Das Kind fühlt sich »genötigt« und erleidet einen Gesichtsverlust – unter Umständen sogar vor Publikum. Und auch dem Erwachsenen droht ein Gesichtsverlust, wenn das Kind nicht gehorcht.

Mit dem richtigen Einsatz der Erklärungsstile kannst du *deutlich* eine Grenze ziehen (»Es ist gut, in solchen Situationen ›Entschuldigung‹ zu sagen«), aber auch großzügig sein und Verständnis für die Situation des Kindes zeigen (»Du fühlst dich *jetzt noch* nicht danach, Entschuldigung zu sagen? Das ist okay – wenn du *ein bisschen älter geworden bist*, wirst du lernen, dass ...«).

Dadurch gibst du der Entwicklung deines Kindes Raum. Du bist offen für Phasen, Übergänge und vorübergehende Phänomene und steckst es nicht in Schubladen. Außerdem eröffnest du deinem Kind einen Ausweg: Es übersteht die Situation ohne Ehrverlust UND hat eine Anregung erhalten, was es das nächste Mal anders machen kann.

12

REFRAMING FÜR JUGENDLICHE

Wir haben uns ein paar Beispiele angesehen, in denen Erwachsene und Kinder ihren Fotografen im Kopf eingesetzt und die unterschiedlichsten Situationen aus neuen Blickwinkeln aufgenommen haben. Sie haben die Methode der Umdeutung angewandt, um neue Perspektiven zu finden, ihre Amygdala zu beruhigen und ihre Resilienz zu stärken. Hoffentlich konntest du auf dem Weg viele Verbindungen zu deinem eigenen Leben und deinen eigenen Erfahrungen entdecken. Das erhöht nämlich die Wahrscheinlichkeit, dass du die Anregungen konkret umsetzen kannst. Jetzt möchte ich mich mit den Jugendlichen befassen. Wie können sie die Methode des Reframings anwenden?

Kann ein zertrümmerter Fuß etwas Gutes haben?

Majken war 17 und gerade im Begriff, von zu Hause auszuziehen, als ihr beim Umzug eine schwere Kommode auf den Fuß fiel und ihn zerquetschte. Neun Jahre lang musste sie auf Krücken laufen: Eine Situation, die auch dem optimistischsten Geist den Mut rauben kann. Aber Majken interpretierte ihre Lebenssituation neu – und wiederholte das in den kommenden Jahren immer wieder. Als ich sie kennenlernte, bat ich sie, eine Liste der Umdeutungen zusammenzustellen, die ihr am meisten geholfen hatten.

Die Vorteile an meinem verkrüppelten Fuß und meinem Leben auf Krücken:

1. Mir begegnen laufend süße und hilfsbereite Menschen, die spannende Geschichten zu erzählen haben oder mich zum Lachen bringen. Zum Beispiel:
   - Der Typ, der über eine Stunde mein Auto aus einer Schneewehe gegraben hat.
   - Ein Obdachloser, der mir hinterherrief, als ich mich mit meinen Einkäufen nach Hause schleppte: »Du kämpfst SO tapfer!« (sagte er – ohne Zähne im Mund, mit Löchern in der Hose und einem Bier in der Hand ... das nenne ich mal Überschuss ... ☺)
2. Ich kann Menschen schnell durchschauen und hinter ihre Fassade sehen.
3. Ich war gezwungen, andere berufliche Kompetenzen zu entdecken als jene, auf die ich mich vorher konzentriert hatte. So habe ich zum Beispiel beim Fernsehen gearbeitet, als Produzentin von Werbefilmen, habe Computerspiele entworfen, Radio gemacht und Projekte geleitet.
4. Ich habe Garderoben von Diskotheken in ganz Dänemark und in Oslo eingerichtet und die Angestellten instruiert – Erfahrungen, die ich sonst niemals gemacht hätte.

5. Ich absolviere gerade eine Ausbildung und habe in einem Jahr mein Diplom (wenn der Unfall nicht passiert wäre, hätte ich mich niemals zu einer Ausbildung aufgerafft).

Funny facts:

1. Halber Preis für Pediküre
2. Ich bin SEHR dankbar für meinen anderen Fuß.
3. »Einbeiniger Tango«
4. Ich kann super hinken.

Meine Lehre aus dem Unfall:

1. Ich habe gelernt, dass unser Leben zu kurz ist für kleine Konflikte, Haarspaltereien und Dinge, die mich nicht froh machen.
2. Ich habe gelernt, dass wir unser Leben selbst gestalten und zu dem machen, was es ist (und es sich trotzdem nicht an unsere Pläne hält).
3. Ich habe gelernt, meine Kompetenzen hervorzuheben und mich gut zu verkaufen (wenn du dich einem Arbeitgeber gut verkaufen willst und er dir *keine* Frage zu den Krücken stellen soll, dann musst du alles geben und dir den A... aufreißen).
4. Ich habe gelernt, dass Lachen mich froh macht, Energie verleiht und Schmerzen beseitigt (und wenn es nichts zu lachen gab, habe ich mir lustige Katzenvideos angesehen und mich gezwungen zu lachen, bis ich mich selbst angesteckt habe).
5. Ich habe gelernt, mich zu entspannen und nicht immer mit Vollspeed zu fahren.
6. Ich habe gelernt, Risiken einzuschätzen und die Konsequenzen abzuwägen.
7. Ich habe gelernt, nach vorne zu sehen und mein Ziel zu fokussieren.

8. Ich habe gelernt, das Leben nicht ganz so ernst zu nehmen (manchmal hilft nur, eine Pause einzulegen, ordentlich Tequila zu trinken und zu knutschen, bevor man wieder weitermacht, wo man aufgehört hat ☺)

Meine Situation ist ein Anlass, um:

1. meine Grenzen kennenzulernen (nicht nur die meines Fußes, sondern in jeder Hinsicht) und die dazugehörigen Signale, dass die Grenze fast erreicht ist.
2. Prioritäten zu setzen: Was bringt mir etwas und was bringt nichts (wenn ich nach einem Konzert im Bett liegen muss, um mich zu erholen, dann muss es das verdammt nochmal wert sein: Also so lustig/aufregend/gemütlich, dass ich mich darüber freuen kann, wenn ich dann im Bett liege).
3. die Seiten meiner Persönlichkeit herauszuarbeiten, die vorher eher unterentwickelt waren: Geduld und Zielstrebigkeit.

Majkens Umdeutungen ergänzen sich gegenseitig. Sie hat richtig viele neue Perspektiven auf einen Sachverhalt gefunden, der einen auf den ersten Blick unglücklich und wütend machen würde.

Eine systematische Umdeutung führt nicht dazu, dass sich die objektive Situation – der zertrümmerte Fuß – ändert. Danach wirst du auch nicht denken, dass es doch eigentlich das Coolste auf der Welt ist, so einen Fuß zu haben. Aber es ist ein Angebot, »die letzte Freiheit des Menschen« aktiv zu nutzen: in jeder Situation deine Einstellung und Haltung zu wählen – und somit auch deine Gefühle und dein Verhalten.

Umdeutungen ändern nichts an den objektiven Umständen und der Realität, aber sie ermöglichen dir die letzte Freiheit des Menschen: in jeder Situation deine Einstellung und Haltung zu wählen!

WELCHE FRAGEN HELFEN BEI EINER UMDEUTUNG?

Jetzt brauchen wir nur noch die geeigneten Fragen, um selbst systematisch umdeuten zu können. Die systematische Umdeutungsmethode *Framestorm®*, die ich entwickelt habe, besteht aus einem Fragenkatalog mit 30 äußerst effektiven Fragen. Natürlich benötigt man bei einem normalen Umdeutungsprozess nicht alle zusammen, höchstens vier oder fünf. Die folgenden zehn Fragen sind die, mit denen die meisten etwas anfangen können, die eine Entwicklung in Gang bringen:

1. Wie empfindet wohl jemand diese (Art von) Situation, der sich bei so etwas wohl fühlt?
2. Wie würde eine kluge Person (eines deiner Vorbilder) diese Situation betrachten?
3. Wie müsste dein Blick auf die Situation sein, damit du enttäuscht wärst, wenn du sie *nicht* erleben dürftest?
4. Was für eine Bedeutung wird diese Situation wohl in 10, 20, 30 Jahren haben? Was für eine Lehre wirst du daraus gezogen haben? Wie würde man in 100 Jahren darauf blicken?
5. Was wäre, wenn die Situation kein Nachteil wäre, sondern ein Vorteil? Welche Vorteile hätte sie für die Organisation/das Team/die Bürger/die Kunden/dich/das Kind?
6. Wenn du eine humorvolle Umdeutung machen solltest, wie würde die dann aussehen?
7. Überzeichne die Situation absichtlich: Karikiere sie.
8. Spiel mit den Worten und ihren Bedeutungen.
9. Welche Mottos, Redewendungen oder geflügelten Worte könnte man einbauen?
10. Aus der Perspektive der Sportwelt: Wie würde ein professioneller XY-Spieler die Situation sehen?

Die Fragen sind als Orientierung gedacht, damit du dich auf eine spielerische Reise begeben kannst. Die letzten fünf Fragen sind absichtlich metaphorischer und »schräger« formuliert als die ersten fünf. Ziel ist es, alle Hirnfunktionen einzuladen, sich an der Umdeutung zu beteiligen. Wenn du die Methode anwendest, solltest du auf mindestens 15 Umdeutungen der Situation kommen, gerne auch 30 oder sogar 40 und 50.

Das klingt am Anfang ein wenig erschlagend, ich weiß. Besonders, wenn du es vorher noch nie ausprobiert hast, aber glaube mir: Wenn du diese Fertigkeit erst einmal erlernt hast, wird es dir überraschend leicht fallen, die für dich richtigen Fragen zu stellen. Unter Umständen packt es dich so sehr, dass du gar nicht damit aufhören willst.

Die Methode basiert auf einer ganzen Reihe neurologischer Prinzipien, die ich dir sehr gerne detailliert beschreibe, aber nicht in diesem Buch ... das würde viel zu weit führen. Artikel dazu findest du auf meiner Website http://brainsmart.today/ und in der Literaturliste im Anhang.

Kurz zusammengefasst: Zuerst stellst du fest, welches Gefühl dich belastet (Wut, Traurigkeit, Nervosität, Angst, usw.). Dann erforschst du, wie die Deutung deiner Situation aussieht und was für Konsequenzen es haben würde, wenn du nichts daran änderst. Hast du Lust, dir diese Zukunft vorzustellen? Wenn deine Antwort darauf »Nein« lautet, hast du dir damit eine Einladung ausgesprochen, die Situation umzudeuten.

Dieser Ansatz ist dreistufig:

1. **Gefühle** – Beschreibe deine Gefühle.
2. **Deutung** – Ermittle deine Deutung der Situation.
3. **Zukunft** – Formuliere die Konsequenzen deiner Deutung und Emotionen.

Danach beginnt das *Framestormen* – du stellst 15–30 Umdeutungen zusammen. Und dann suchst du dir daraus diejenigen aus, die dir bei der Bewältigung der Situation konstruktiv und produktiv helfen.

DIE WEGE, DIE ICH GEHE

Wie setzen Jugendliche ihren Fotografen im Kopf ein, um Situationen aus neuen Perspektiven zu betrachten? Auch sie müssen die Hirnfunktionen und Verbindungen kennenlernen, die gestärkt werden sollen.

In der Pubertät wird das Fundament für viele Gewohnheiten gelegt, die sich im Laufe des Lebens verfestigen.

Zweimal im Leben eines Menschen steigt die Zahl der Verbindungen im Gehirn signifikant an: in den ersten Lebensjahren und in der Pubertät. Im Gehirn eines Teenagers regiert das Prinzip »Use it or lose it«. Ich verwende da gerne das Bild »Einen Pfad in den Wald trampeln«.

Die Anzahl der Verbindungen im Gehirn eines Kindes ist bis zu 50 Prozent größer als im Gehirn eines Erwachsenen. Die Reise ins Erwachsenenleben besteht folglich darin, einige der Verbindungen zu kappen und andere (hoffentlich) zu stärken. Die Kappung hat denselben Zweck wie die Beschneidung von Obstbäumen: Dadurch wird Raum geschaffen für die Äste (Verbindungen), die wichtig sind und gebraucht werden. Der Baum wächst leichter und trägt die schönsten Äpfel. So funktioniert auch das Gehirn eines Teenagers. Es beginnt seine Spezialisierung und den Ausbau von wenigen, aber dafür breiteren und deutlicheren Wegen. Diese Jahre bergen ein unglaubliches Potential in sich.

Die Kappung im Gehirn eines Jugendlichen ist natürlich nicht so ein bewusster Vorgang wie die Beschneidung eines Apfelbaumes. Aber die Metapher soll uns daran erinnern, dass wichtige Verhaltensweisen früh angelegt werden und wachsen können, wenn sie Raum bekommen und oft benutzt werden.

In der Schulzeit wird der Jugendliche beispielsweise mit einer Menge Wissen konfrontiert: Grammatik, Funktionsgleichungen, das Periodensystem und die Grundlagen der Philosophie. Einiges davon ist wichtig und bedeutsam und der Jugendliche wird sich immer wieder damit beschäftigen. Anderes verblasst, weil es weder abgerufen noch angewandt wird.

Teenager befinden sich in der einzigartigen Situation, selbstbestimmt Verhaltensweisen und Gewohnheiten zu etablieren. Die sind sozusagen die Abkürzungen unseres Gehirns. Wir müssen über Dinge, die wir aus Gewohnheit tun, nicht lange nachdenken – wir machen sie einfach. In dieser Lebensphase wird das Fundament für wichtige Verbindungen gelegt, die durchaus ausschlaggebend für die Zukunft sind. Und ja: Für die Entwicklung des Gehirns macht es einen riesigen Unterschied, ob der Jugendliche seine Abende damit verbringt, Sport zu treiben, soziale Kontakte zu pflegen und Klassiker zu lesen oder ob er im Internet surft und sich Pornos ansieht.

Jedes Mal, wenn wir einen bestimmten Weg im Gehirn gehen, machen wir ihn deutlicher und breiter. Dadurch erhöhen wir die Wahrscheinlichkeit, dass wir ihn auch das nächste Mal wählen – aus Reflex – und das nächste und nächste Mal. Dabei spielt es gar keine so große Rolle, ob wir den Weg »bewusst ausgewählt« haben oder ihn eher zufällig Tag für Tag und Abend für Abend gehen, ohne über eventuelle Langzeiteffekte nachzudenken.

ENTSCHEIDUNGEN SCHAFFEN GEWOHNHEITEN

Daniel sieht sich zusammen mit seinem Freund Jakob einen Dokumentarfilm über den Regenwald im Amazonasgebiet an. Beide haben Biologie als Leistungskurs und behandeln zurzeit »Die Biodiversität der grünen Lunge unserer Erde«. Daniels Handy liegt auf dem Tisch, Jakobs ist in seiner Jacke im Flur.

Fünf Minuten lang kann Daniel die Konzentration halten, dann greift seine Hand fast automatisch nach seinem Handy und checkt, ob er neue Nachrichten bekommen hat. Ein anderer

Freund, Andreas, fragt ihn, ob er morgen zum Fußballtraining kommt, und Daniel spürt den starken Drang zu antworten – und zwar SOFORT. Also tut er das. Natürlich. Man ist ja wohl ein freier Mensch, oder?

Andreas antwortet genauso schnell auf Daniels Nachricht und stellt eine weitere Frage, zu der sich Daniel ebenfalls äußern will. Dann herrscht für ein paar Minuten wieder Ruhe, bis Daniel noch etwas einfällt, was er absprechen will. Dieses Mal mit Frederik.

Daniel macht Multitasking: Er sieht einen Film und schreibt gleichzeitig Nachrichten. Nur etwa 2,5 Prozent aller Menschen sind zu Multitasking ohne Leistungsabfall in der Lage und Daniel wird kaum zu dieser Minderheit gehören. Ihm sind in der Zeit zwar mit großer Sicherheit wichtige Informationen aus dem Dokumentarfilm durchgerutscht, aber dafür hat er andere Wege ausgetreten:

- Er hat die Gesellschaft des einen Freundes zugunsten eines anderen aufgekündigt.
- Er hat einer Versuchung nachgegeben (statt ihr zu widerstehen).

Diese Verbindungen sind durch sein Verhalten gestärkt worden und es ist äußerst wahrscheinlich, dass er in einer ähnlichen Situation wieder so handeln wird. Denn mit jeder Wiederholung machen wir den Pfad sichtbarer und werden ihn auch das nächste Mal gehen.

Die wenigsten von uns sind zu Multitasking ohne Leistungsabfall in der Lage.

Was würde Daniel über die Situation sagen, würde man ihn zu seinem Verhalten befragen? Vermutlich, dass der von ihm gewählte Weg »Kommunikation mit einem Kumpel (Andreas)«

total harmlos ist, was sogar gut und sinnvoll klingt. Allerdings schwächt Daniels Kommunikation mit Andreas – der gar nicht im Raum ist, aber dennoch den Vorrang vor Jakob und dem Film bekommt – Eigenschaften, die ihm an anderer Stelle von Nutzen sein könnten, vor allem in Hinblick auf Lernprozesse und seinen Erfolg im Leben:

- Achtsamkeit
- Fokus
- Bedürfnis-/ Belohnungsaufschub

Alle drei Aspekte werden geschwächt, wenn Daniel nebenbei sein Fußballtraining besprechen muss, obwohl er gerade etwas mit Jakob unternimmt. Und er gewöhnt sich an dieses Verhalten und wird es in vielen anderen Zusammenhängen und Beziehungen ähnlich handhaben.

ACHTSAMKEIT

Unter Achtsamkeit wird die Fähigkeit verstanden, voll und ganz und im Hier und Jetzt anwesend zu sein. Störende Gedanken vorbeiziehen zu lassen, damit man sich aus vollem Herzen einer oder mehreren Personen (oder Aufgaben) widmen kann. Achtsamkeit – auch mindfulness genannt – hat nachweislich gesundheitsfördernde Auswirkungen: Sie senkt unsere Herzfrequenz und erhöht die beruhigenden Alphawellen im Gehirn, stärkt unser Immunsystem und unseren Fokus, ermöglicht uns, den Überblick zu bewahren, und befähigt uns dazu, uns mit Menschen verbunden zu fühlen, mit denen wir zusammen sind.

Einige Teenager – und auch Erwachsene – sind schon der Ansicht, dass man achtsam sei, wenn man sein Handy nicht benutzt. Als wäre man automatisch achtsam, wenn die Finger mal nicht über die Tasten fliegen. Achtsamkeit aber bedeutet, ganz und gar anwesend zu sein, ob man in ein Gespräch verwickelt ist, an einem Spiel oder einem Familienfest teilnimmt, sich auf ein Skype-Telefonat konzentriert oder sich am Unterricht beteiligt. Achtsamkeit ist die Fähigkeit, die momentane Aktivität als die attraktivste Aktivität der Welt zu empfinden. Achtsamkeit – und die damit einhergehende Aufmerksamkeitsdichte – ist eine wichtige Voraussetzung für das Lernen.

Man ist weder achtsam noch anwesend, wenn man sich nach etwas sehnt, was gerade nicht da ist. Wenn man unterdrückt, dass man eigentlich mit anderen zusammen sein will. Dadurch entsteht eine innere Spannung, die sich sofort in der Kontaktaufnahme mit nicht Anwesenden entlädt, wenn eine spontane Pause entsteht.

Ich nenne diesen Zustand *optline* (Abkürzung für »optional line«). Man ist weder 100 Prozent offline noch 100 Prozent online. Man befindet sich in einer Art zombiehaftem Zwischenzustand: physisch anwesend, aber mental auf permanenter Wanderschaft.

Pausen in der sozialen Kommunikation – zum Beispiel auf einem Familienfest – können gute Anlässe sein, um eine Situation zu reflektieren, seine Energiereserven aufzuladen oder durch Eigeninitiative und interessiertes Fragen einen neuen Kontakt herzustellen. Wenn wir es unseren Kindern ermöglichen, jeder Pause zu entkommen, sobald sie entsteht, und Pausen als etwas Peinliches und Frustrierendes und nicht als etwas Lehrreiches deklarieren – und wenn wir ihnen nicht beibringen, wie man durch interessierte Fragen auch Verantwortung für soziale Interaktion übernehmen kann – dann erweisen wir ihnen einen Bärendienst.

Die Reflexion gehört zu den Exekutivfunktionen unseres Gehirns, ihre Wurzeln liegen beim »Boss im Kopf«- den Frontallappen. Andere wichtige Funktionen sind die Fähigkeit, Informationen zu sortieren und zu bearbeiten, zu fokussieren, zu analysieren, die Hemmung des Risikoverhaltens und die Selbstkontrolle. Aber die Frontallappen des Menschen sind erst mit 23–25 Jahren fertig ausgebildet. Viele Jugendliche sind der Überzeugung, dass ihre Gehirne bereits in jungen Jahren fertig entwickelt sind. Aber wir brainsmarten Erwachsenen wissen es besser und sollten ihnen vermitteln, dass der vernünftige Einsatz der Frontallappen eine ziemlich wichtige Fertigkeit ist.

Wenn wir akzeptieren, dass Jugendliche der Reflexion aus dem Weg gehen – weil wir vielleicht Schwierigkeiten haben, Grenzen zu setzen, und jeden Konflikt in der Hoffnung vermeiden, für immer der »Kumpel« unserer Kinder zu bleiben, nehmen wir ihnen und ihrem Gehirn die Möglichkeit, sich weiterzuentwickeln.

Natürlich ist an der Nutzung digitaler Medien grundsätzlich nichts auszusetzen. Auch an einer digitalen Kommunikation miteinander in einem Raum ist nichts falsch. Nur wenn es zum Standard wird – also die einzig mögliche Version der Gemeinschaft ist – dann führt das zu einer sehr verarmten Kommunikation.

Fortschrittliche Lernumfelder in den USA haben diese Erkenntnisse umgesetzt und eingeführt, dass die ausgeschalteten Handys vor dem Unterricht auf eine Art Parkplatz abgelegt werden. Das fördert den Fokus, die Achtsamkeit und die für den Lernprozess grundlegend wichtige Aufmerksamkeitsdichte.

In unserer Familie haben wir etwas Ähnliches eingeführt, nachdem sich einige absurde Situationen in der Großfamilie mit Teenagern und Jugendlichen ereignet hatten, in denen die optline-Zustände jedes Zusammensein erschwerten.

Einladungen von meinem Mann und mir klingen mitunter so:

Ihr seid hiermit herzlich zu einem offline Geburtstag/Abendessen/ Filmabend eingeladen. Handys können im Flightmodus mitgebracht und in einem Handykorb am Eingang deponiert werden. Wir freuen uns auf einen gemeinsamen Abend mit euch!

Am Eingang stehen bei uns zwei Körbe für Handys – der eine ist die »Handy-Krippe« und der andere der »Handy-Kindergarten«. Wenn die Gäste kommen, helfen unsere Jüngsten bei der Unterbringung der Telefone im richtigen Korb – die unter dreijährigen Geräte kommen in den Krippenkorb, die über dreijährigen in den Kindergartenkorb. Das sind die besten Voraussetzungen für einen Abend voller Achtsamkeit und Präsenz. Und es funktioniert!

Viele Teenager fühlen sich den älteren Generationen digital überlegen, weil sie die Medien von Anfang an begleitet haben. Das mag auch stimmen. Aber die älteren Generationen sind ihnen insofern überlegen, als sie viel mehr Erfahrungen haben, wie man sich in der Gesellschaft bewegt und verhält, um soziale Beziehungen zu fördern und Gruppenzugehörigkeiten zu erkennen. An diesen Fähigkeiten sollten wir festhalten und sie einsetzen. Sonst lassen wir die Jugendlichen im Stich. Und die Kraft, die unsere Gesellschaft zusammenhält.

Die Alternative wäre, der anarchistischen sozialen Interaktion den Boden zu bereiten. Wer zuerst zum Handy greift, hat auch das Recht dazu – denn »niemand soll über mich bestimmen«. Nicht beachtend, welche Signale dieses Verhalten an die Umgebung sendet: Die anderen im Raum verspüren daraufhin einen unbändigen Drang, auch nach ihren Telefonen zu greifen, was dazu führen würde, dass diese Begegnung in regelmäßigen Abständen unterbrochen werden würde, weil die verschiedenen Teilnehmer zu den unterschiedlichsten Zeitpunkten ihrem großen Drang, nach ihrem Handy zu greifen, nachgeben würden.

FOKUSSIEREN

Auch das Fokussieren ist elementar für den Lernprozess. Lernen setzt eine hohe Aktivität im Hippocampus voraus, was eine Reihe von Untersuchungen nachgewiesen hat. Geteilte Aufmerksamkeit führt zu einer unzulänglichen Aktivierung des Hippocampus. Der Lernprozess findet statt, indem die Aufmerksamkeitsdichte in eine bestimmte »Richtung« erhöht wird.

Die meisten von uns sind davon überzeugt, dass sie Multitasking beherrschen – und geben sich dabei einer Illusion hin. Ein Großteil der dänischen Gymnasiasten zum Beispiel ist der festen Ansicht, dass sie dazu in der Lage sind. Aber warum halten wir daran fest und sind so eingebildet, obwohl die Forschung unsere Annahme widerlegt? Grund dafür ist wahrscheinlich der *Überoptimismus,* wie die Forscher das nennen.

Die Verankerung der neuronalen Verbindungen in Geist und Körper setzt eine hohe Konzentration voraus.

Diese Selbstüberschätzung sorgt dafür, dass 94 Prozent der Universitätsprofessoren meinen, dass ihre Arbeit – im Vergleich zu der der Kollegen anderer Fakultäten – eine wesentlich höhere Qualität aufweist, höher als der Durchschnitt. Dieser Überoptimismus ist auch die Erklärung für die Überzeugung vieler Autofahrer, dass sie natürlich besser fahren als die anderen (dieser Optimismus steigt interessanterweise an, wenn man in einen Autounfall verwickelt wurde).

Die Verankerung der neuronalen Verbindungen in Geist und Körper setzt eine hohe Konzentration voraus. So ist es nun einmal: Ganz gleich, was die Jugendlichen und auch wir selbst meinen, zu können und zu wollen.

Die größte Versuchung für uns Menschen sind nicht etwa Schokolade, Shopping oder Sex. Eine Untersuchung aus dem Jahr 2012 hat ergeben, dass die größten Versuchungen die sozialen Medien sind und der Drang, Arbeit zu erledigen. Die unerledigte Arbeit, die uns belastet, kann alles sein: von dem Projekt am Arbeitsplatz, das wir nicht beendet haben, bis hin zur Verabredung zum Fußballspiel, die für Daniel vorhin so wichtig war. Dieser Drang kann unbändig sein. Ein Bedürfnis, das partout auf der Stelle befriedigt werden muss, damit unser Gehirn die Belohnungsdroge Dopamin ausschütten kann.

Eine gute Alternative zum Multitasking ist der Einsatz eines externen Gedächtnisses. Um die optimale Funktion unseres Arbeitsgedächtnisses zu gewährleisten – das, wie gesagt, schnell voll ist und dann Achtsamkeit, Informationsverarbeitung, Kreativität und Analyse erschwert – können wir zum Beispiel die Gedanken aufschreiben. So können wir sie mental loslassen und wieder ganz präsent sein – bis der Moment kommt, in dem wir uns mit dem Notierten auseinandersetzen können. Ein externes Gedächtnis kann ein Stück Papier, eine Serviette oder ein Notizblock sein. Wir müssen es nur an einem Ort aufbewahren, an den wir uns auch erinnern können!

AUFSCHUB DER BEDÜRFNISBEFRIEDIGUNG

Das Kind sieht ein Spielzeug und MUSS es haben, obwohl weder Weihnachten noch der Geburtstag vor der Tür stehen. Der Jugendliche denkt an sein Handy und MUSS es checken, obwohl er im Unterricht sitzt. Der Erwachsene denkt an die spannende Serie auf Netflix und MUSS eine Folge ansehen, obwohl er einen wichtigen Workshop vorbereiten sollte.

Die Fähigkeit, seine Bedürfnisbefriedigung aufzuschieben – und somit seine Impulse zu kontrollieren – ist elementar, um gut durchs Leben zu kommen. Anfang der 1960er Jahre führte der Psychologe Walter Mischel ein Experiment mit Vierjährigen durch, das im Volksmund der »Marshmallow-Test« genannt wird. Der Versuch war folgendermaßen aufgebaut: Ein Kind wurde in einen kahlen Raum geführt, wo der Forscher ihm ein Marshmallow auf den Tisch stellte. Das Kind erfuhr, »dass dieses Marshmallow für dich ist. Aber, wenn du mit dem Essen wartest, bis ich zurück bin, dann bekommst du noch einen zweiten von mir. Dann hast du zwei.« Danach verließ der Forscher den Raum.

Was macht ein Kind, das allein in einem kahlen Raum sitzt – mit einem Marshmallow vor sich auf dem Tisch? Was würde dein Kind tun? Was hättest du als Kind getan?

Das Ergebnis des Experiments zeigte, dass ein Teil der Kinder das Marshmallow sofort aufaß. Andere warteten bis zu 20 Minuten, um noch einen zweiten zu bekommen (in so einer Situation bietet sich das Reframing als zentrale Ausdauerstrategie an). Und ein anderer Teil machte ernsthafte Versuche, standhaft zu bleiben, kapitulierte aber irgendwann.

14 Jahre später, die ersten Probanden hatten gerade ihre Schulausbildung abgeschlossen, konnte Mischel eine klare Tendenz sehen: Die Kinder, die das Marshmallow sofort gegessen hatten, zeichneten sich durch ein viel geringeres Selbstwertgefühl aus, hatten schlechtere Noten, Schwierigkeiten mit zwischenmenschlichen Kontakten und dem sozialen Umfeld und einen höheren BMI. Die Kinder, denen es gelungen war, auf Marshmallow Nummer zwei zu warten (sie waren zu Impulskontrolle und Belohnungsaufschub in der Lage), waren sozial kompetenter, selbstsicher, gesünder und fachlich besser aufgestellt. Die Ergebnisse dieses Experiments sind in zahlreichen darauffolgenden Untersuchungen bestätigt worden.

Warum ist es wichtig, einer Versuchung widerstehen und geduldig warten zu können? Weil die Fähigkeit zum Belohnungsaufschub und zur Impulskontrolle entscheidend bei der Wahl von Dingen oder Aktivitäten ist, die auf längere Sicht förderlich für die eigene Entwicklung sind, und für die Ablehnung jener Dinge und Aktivitäten, die das Gegenteil bewirken. Du wolltest eigentlich nur kurz in den Laden und dir einen Apfel kaufen und bist mit einem Schokoriegel rausgekommen? Du müsstest eigentlich für die Prüfung lernen, kannst aber der Versuchung der neuen Staffel von *Game of Thrones* nicht widerstehen? Du wolltest eigentlich deine Ehe retten, aber da kam dieses hübsche Model um die Ecke? Ups! Ups! Ups!

Der Bedürfnisbefriedigungsaufschub hilft uns bei der Wahl langfristig sinnvoller Entscheidungen.

Die kognitive Kompetenz, eine Bedürfnisbefriedigung zugunsten der eigenen Zukunft aufzuschieben, ist erlernbar und verlernbar. Darum macht es durchaus Sinn, dass nicht nur Daniel, sondern alle Teenager (und Erwachsene) sich genau überlegen, was sie trainieren. Ihr enormer Drang, mit Snapchat, Messenger, WhatsApp, Facebook, Twitter, Instagram usw. zu multitasken, sollte nicht nur als Ausdruck und Normalverhalten der Generation der *Digital Natives* deklariert werden. Es ist nämlich auch eine potentielle Bedrohung und Verdrängung der Kompetenz des Belohnungsaufschubs und der kognitiven Kontrolle, die ausschlaggebend für ein erfülltes und erfolgreiches Leben sind.

Der Marshmallow-Test ist ein sozialpsychologisches Experiment, das Menschen berührt, die davon hören oder es als Video sehen. Es hat verdeutlicht, wie wichtig die Fähigkeit zur Umdeutung ist, um den Bedürfnisbefriedigungsaufschub und die Impulskontrolle bei Kindern zu stärken. In einigen Variationen des Experimentes bekamen die Kinder noch zusätzliche Hilfestellung oder Anweisungen. »Denk ruhig an das Marshmallow in der Zeit, wenn du magst ...« Diese Kinder gaben sofort auf. Anderen wurde vorgeschlagen: »Erinnere dich an eine lustige Geschichte (als zum Beispiel deine Mutter dir Schwung gegeben hat und du RICHTIG hoch geschaukelt bist.«). Diese Umlenkung der Aufmerksamkeit half den Kindern, die Wartezeit zu überbrücken; sie schafften es länger als 10 Minuten. Wieder andere sollten sich vorstellen, der Marshmallow sei ein Bild. Diese Gruppe hielt 18 Minuten lang durch! Ein Kind sagte hinterher: »Ein Bild kann man doch nicht essen!« Eine letzte Gruppe von Kindern bestand aus zwei Teilgruppen. Die eine wurde aufgefordert, deskriptiv über das Marshmallow nachzudenken (»rund«, »weiß«, »weich«, »klein«), die andere Hälfte sollte sich dessen Geschmack, Geruch und Konsistenz vorstellen. Die erste Teilgruppe hielt es doppelt so lange aus wie die zweite.

Wenn die Umdeutung effektiv ist und wirkt, stehen wir einer Sache neutral gegenüber oder empfinden sogar Gleichgültigkeit, obwohl die Versuchung vorher noch unbändig schien. Uns gelingt die Selbstmotivation in Situationen, die uns ansonsten langweilen würden. Und nicht zuletzt können wir den Menschen gegenüber Empathie entgegenbringen, die wir eigentlich nicht verstehen. Die Umdeutung ermöglicht uns, uns für ein anderes Verhalten als das vertraute und bekannte zu entscheiden.

IMPULSKONTROLLE IM ALLTAG

Wie kann man nun mit Kindern üben, damit sie lernen, ihre Bedürfnisbefriedigung aufschieben und ihre Impulse kontrollieren zu können? Von einer Familie habe ich erfahren, dass sie den Anreiz fürs Quengeln ganz einfach abgeschafft haben. Die Erwachsenen entschieden: »Wenn du quengelst, weil du etwas haben willst, bekommst du es auf keinen Fall«. Das verringerte schlagartig die Anzahl von Situationen, in denen die Kinder durchdrehten, weil sie unbedingt etwas haben *mussten*.

In einer anderen Familie hatte man sich von klein auf für einen Positiv-Satz entschieden, wenn die Kinder einer Versuchung nicht widerstehen konnten und im Supermarkt oder in einem Spielzeugladen gequengelt haben. Wenn eines der Kinder fragt: »Darf ich das haben, Mama/Papa?«, dann bekommt es die Antwort: »Das darfst du dir gerne zu Weihnachten wünschen!« Darauf antwortet das Kind mit »Okay!« Es hat die ›Aufgabe‹, sich den eigenen Wunsch zu merken und zu Hause auf die Wunschliste einzutragen – wenn er denn wichtig genug ist. In der Praxis zeigte sich, dass nur wenige der Wünsche auch tatsächlich auf der Liste landeten. Die meisten waren schnell wieder vergessen (so viel zu unbändigem Drang und riesengroßer Sehnsucht). Diese Absprache hat auf längere Sicht dazu geführt, dass die Kinder ihre Formulierungen von »Ich will X, Y und Z haben« zu »Das würde ich mir wünschen« änderten.

Meine Kinder trainieren immer wieder meine Fähigkeit zu Bedürfnisaufschub. Jetzt gerade zum Beispiel stehen meine Jüngsten in der Küche und machen Crêpes und ich hätte SO große Lust zu naschen. »Nix gibt's!«, sagen sie unnachsichtig. »Du musst warten, Mama. Es ist gesund, zu warten. Das sagst du selbst immer.« Recht haben sie. Also schleiche ich mich mit meiner unbefriedigten Naschlust wieder davon.

Wenn du deinem Kind ermöglichst, ein Gespür für gesellschaftliche Gepflogenheiten zu entwickeln, hilft ihm das beim Trainieren seiner Kompetenz, seine Bedürfnisse und Impulse zu kontrollieren. Eine Investition fürs weitere Leben wäre zum Beispiel, andere Restaurants aufzusuchen als die üblichen familientauglichen, bei denen der Lärm inklusive ist.

Das gelingt, indem du die Taschenlampe im Kopf auf die Stellen richtest, die das Gespür für die Situation und das Verständnis für die Gefühle und Haltungen anderer vergrößern:

- Wir verhalten uns aus Respekt den anderen Gästen gegenüber ruhig.
- Wer bei so einem besonderen Ereignis dabei sein darf, der muss eine Weile still sitzen können.
- An diesem Ort spricht man mit leiser Stimme.
- Die anderen Gäste bezahlen auch Geld dafür, um ihren Abend hier zu verbringen – darauf freuen sie sich vielleicht schon die ganze Woche. Darum lassen wir sie das auch in Ruhe genießen.
- Der Koch hat sich so große Mühe gemacht, das Essen für uns zu machen und so schön zu dekorieren – jetzt geben wir uns Mühe, es ordentlich zu essen und zu genießen.
- Wenn wir uns leise unterhalten – und dadurch den anderen Gästen Respekt zeigen – gehen wir nochmal in einem Restaurant essen.

So können wir das Verständnis des Kindes für eine bestimmte soziale Konstellation und den damit einhergehenden Verhaltenskodex fördern. Das soll auf keinen Fall bedeuten, dass jede Familie unbedingt mit ihren Kindern in Sterne-Restaurants essen gehen sollte. Auch nicht, dass wir sie zu allen möglichen Veranstaltungen schleppen sollten, egal ob sie das passende Alter dafür oder überhaupt Lust darauf haben. Bloß nicht. Immer mit der Ruhe! Aber ganz allmählich kannst du deine Erwartungen an dein Kind erhöhen, was es verstehen und empathisch erfassen kann. Und damit kannst du ruhig von klein auf anfangen – und es zu Konzerten, Theatervorstellungen, religiösen Zeremonien oder anderen kulturellen Veranstaltungen mitnehmen.

Mit der Taschenlampentechnik kann dein Kind lernen, sich in andere Menschen hineinzuversetzen und deren Werte und Prioritäten zu verstehen. Und es trainiert gleichzeitig, die eigenen Bedürfnisse aufzuschieben und die sprunghaften Versuchungen, die es streifen, vorbeiziehen zu lassen.

Wir alle – Kinder, Jugendliche und Erwachsene – sollten ab und zu den Helikopter besteigen und mal alles von oben betrachten.

Damit können wir früh anfangen, denn es nützt dem Kind und seiner Umgebung gleichermaßen. Aber auch Jugendliche und wir Erwachsenen profitieren davon, das zu trainieren. Dabei helfen uns zum einen die Erkenntnisse aus dem Marshmallow-Test und zm anderen ein Element der metakognitiven Reflexion: »Den Helikopter besteigen« und sich dann folgende Fragen stellen:

- Was trainiere ich hier eigentlich gerade?
- Wenn die Gegenwart eine lange Generalprobe für die Zukunft ist, welche Konsequenzen hat es folglich, diese neuronalen Verbindungen zu stärken/schwächen? Welche Vorteile/Nachteile habe ich, wenn ich diese Verbindungen stärke?

- Wie kann ich mein Verhalten/meine Gedanken korrigieren, damit es/sie den Werten und Zielen entsprechen, die ich gerne fördern und erreichen will?

Das Bewusstsein für die »Waldwege, die wir benutzen«, können wir den Jugendlichen auf unterschiedlichste Weise vermitteln. Selten funktioniert »Jetzt werde ich dir mal eine neue Methode vorstellen«, denn das wird wahrscheinlich eher als eine Belehrung empfunden und abgelehnt. Ich habe vor kurzem einen Vortrag in einer 10. Klasse gehalten. Einer der Schüler, Oscar, wirkte sehr in sich versunken und hatte kaum Augenkontakt mit mir. Als ich gerade etwas über die Waldwege in unserem Kopf erzählte, sah ich ihn unvermittelt an:

> *Und was trainiert ihr alle gerade? Oscar, du trainierst zum Beispiel gerade ‚mangelnden Augenkontakt, wenn jemand mit dir spricht'. Dadurch erhöhst du die Wahrscheinlichkeit, dass du – das nächste Mal, wenn du in so einer Situation bist – deinem Lehrer auch nicht in die Augen siehst. Das ist ›Use it or lose it‹ in der Praxis. Was du jetzt trainierst, wirst du ziemlich wahrscheinlich beim nächsten Mal genau so machen.*

Er veränderte sein Verhalten sofort und hatte den Rest der Stunde konstanten Augenkontakt mit mir.

Jede Aktivität formt dein Gehirn und macht es wahrscheinlicher, dass du auf das Bekannte zurückgreifst. *Übung macht den Meister* – diese Erkenntnis ist die Grundlage für eine brainsmarte Änderung von Gewohnheiten. Und dann muss man natürlich noch das Richtige üben. Substantielles, damit das Gehirn mitspielen will. Dafür ist es wichtig, dass uns klar ist, was wir verstehen, in welcher »Wirklichkeit« wir uns bewegen.

13

WAS HILFT WIRKLICH, WENN DIE AMYGDALA ROT SIEHT?

Jetzt haben wir unsere Amygdala kennengelernt und wissen, dass sie in bestimmten Situationen schnell hyperaktiv werden kann. Wir wissen außerdem, dass sich die Methode des Reframings eignet, um sie zu beruhigen, sie zu dämpfen. Und zwar sowohl bevor eine schwierige Situation entsteht als auch, wenn wir mittendrin sind. Aber was genau hilft, wenn die Amygdala unser Gehirn gekapert hat? Oder das unseres Kindes? Wenn die Energie und Kapazität des Gehirns mit einem Schlag so begrenzt ist, dass jede Umdeutung Lichtjahre entfernt scheint?

Der Aktivierungsgrad unserer Amygdala ist ausschlaggebend dafür, wie gut wir auf die Funktion unserer Frontallappen einwirken können. Die Wechselwirkung von Amygdala und Frontallappen habe ich in einer Zeichnung dargestellt, die du ganz am Ende dieses Buches – auf der Innenklappe des Umschlags – findest. Neben dem Amygdala-Thermometer ist der Frontallappen in verschiedenen Stadien abgebildet. Wie du in der Zeichnung sehen kannst, »zischt« die Luft aus den Frontallappen, wenn die Amygdala hyperaktiv wird. Kindern veranschauliche ich die Amygdala durch zwei Mandeln und die Frontallappen illustriere ich mit einem kleinen lila Luftballon. Der natürliche Zustand eines Luftballons ist es, schön prall aufgepustet zu sein. Wenn die Amygdala in den gelben, roten oder schwarzen Bereich steigt – als »ding«, »ding-ding« oder »ding-ding-ding« – dann »pupst« der Luftballon: die Luft geht raus. Die Kinder lieben diese Metapher mit dem Luftballon im Kopf. Und sie begreifen sehr wohl, dass wir keinen richtigen Luftballon im Gehirn haben.

Was eigentlich los ist, wenn die Amygdala im weißen Bereich ist, darauf gehe ich später noch ein. Jetzt aber sehen wir uns an, wie wir die Amygdala wieder runter bekommen, wenn ihr Thermometer in den gelben, roten oder schwarzen Bereich gestiegen ist – also wie man wieder »Luft in den Frontallappenballon pusten kann«. Die Amygdala und die Frontallappen spielen zusammen, als würden sie auf einer Wippe sitzen. Wenn der eine nach oben geht, geht der andere runter.

HILFE BEI DER AMYGDALA-KAPERUNG

Wenn unsere Kinder von ihrer Amygdala gekapert worden sind, ist die wichtigste Aufgabe, die Amygdala zu beruhigen, damit die Frontallappen sich erholen können. Das kann man auf ganz unterschiedliche Weise tun:

1. durch tiefen und ruhigen Atem und Atemaufmerksamkeit (Achtsamkeit).
2. indem man für Ablenkung sorgt.

3. indem man die Amygdala beim Namen nennt und sie auch ruhig »persönlich« anspricht.
4. durch Wasser, Luft, Essen, Schlaf/Ruhe und Liebe.

Die Aktivierung der Amygdala führt meistens zu erhöhtem Herzschlag und beschleunigter Atmung. Wir können mit unseren Kindern atmen üben, damit sie ihre Atmung gut kennenlernen und sie steuern können, wenn sie ihnen in kritischen Situationen Ärger zu machen droht. Ein tiefer und gleichmäßiger Atem kann sogar verhindern, dass die Amygdala hyperaktiv wird.

Alles Neue sollte nur in Phasen einstudiert werden, wenn das Kind im Gleichgewicht und seine Amygdala im grünen Bereich ist. Das gilt vor allem für die brainsmarten Fertigkeiten. Die sollten tief im Körper verankert sein, damit das Kind sie erinnert und anwenden kann, wenn die Amygdala in den höchsten Tönen schrillt und kostbare Energie im Gehirn okkupiert. Es ist also nicht sinnvoll, dem Kind von tiefen Atemzügen zu erzählen, wenn seine Amygdala schon im roten Bereich ist. Es muss seine Erfahrungen damit schon vorher, in entspannten Situationen, gesammelt haben, um auf sie zurückgreifen zu können, wenn das Aktivitätsniveau seiner Amygdala es herausfordert. An vielen Orten werden Achtsamkeits-Kurse angeboten, für Kinder und Erwachsene, und es gibt auch zahlreiche CDs mit Achtsamkeitsübungen.

Das Kind lernt Neues, wenn es im Gleichgewicht mit sich selbst ist.

Das gilt übrigens auch für dich. Auch du solltest dir neue Fertigkeiten erschließen und trainieren, wenn deine Amygdala im grünen Bereich ist. Und nicht etwa, wenn du dich mitten in einer eskalierenden Situation mit deinem Kind befindest und dein Gehirn »Krise, Krise« brüllt. Dann ist kein guter Zeitpunkt, das Handbuch für brainsmarte Verhaltensweisen durchzublättern. Die sollten bereits vorher in dein alltägliches Repertoire Eingang gefunden haben und in weniger »gefährlichen« Situationen erprobt worden sein.

Wie sieht es aus, wenn man seine Amygdala beim Namen nennt und sie persönlich anspricht? Das klingt zunächst ein bisschen sonderbar, darum erteile ich Kasper, 16, das Wort. Er hob die Hand in einer Stunde, in der ich als externe Lehrkraft in einer Schule tätig war. Er hatte in vorangegangenen Lehreinheiten von den Spielregeln unseres Gehirns erfahren. »Das ist schon komisch mit dieser Amygdala. Ich habe herausgefunden, dass es tatsächlich hilft, wenn ich mit ihr spreche«, sagte er. »Das ist ja interessant«, erwiderte ich. »Erzähl uns doch mehr davon!« »Okay!«

> *Wenn ich eine Klausur schreibe und merke, dass meine Amygdala durchdreht (ich werde total unruhig, bekomme Herzrasen und fange an zu schwitzen), dann spreche ich mit ihr: ›Ach, du bist es, Amygdala? – mir geht es prima – hetz du einfach weiter – vielen Dank für deinen Besuch – ich konzentriere mich und bleibe ganz ruhig!‹ Und das macht mich tatsächlich sofort viel ruhiger und ich kann mich besser konzentrieren.*

Die Amygdala anzusprechen beruhigt augenblicklich. Von dieser Erfahrung erzählten mir Menschen aller Altersgruppen. In einem meiner Kurse formulierte ein Vater das so:

> *Bei uns Eltern jagt die Amygdala auch manchmal in den roten Bereich und macht ding-ding-ding. Das ist ja ganz normal. Aber es ist wichtig, dass wir das auch unseren Kindern so erzählen. Die macht es nämlich oft traurig, dass sie traurig sind. Oder sie sind traurig darüber, dass sie so wütend geworden sind. Die Amygdala-Sprache hilft dabei, den Kindern zu vermitteln, dass es ganz normal ist.*

Erzieherinnen berichteten mir, dass die brainsmarten Methoden es den Kindern erleichtern, wütend oder traurig zu sein – es ist dadurch »erlaubter«. Begriffe wie Amygdala, Frontallappen und

Hippocampus gehören für diese Kinder zur Alltagssprache. Ein brainsmartes Kind würde vielleicht ein anderes Kind nach einem Wutausbruch eher fragen »Wie geht es deiner Amygdala jetzt?« statt »Was war denn los?« Eine sehr anerkennende Weise, Anteilnahme zu zeigen.

Ein wichtiger Aspekt der *Amygdala-Achtsamkeit* – ob in der Familie, im Klassenzimmer oder im Kindergarten – ist, dass auch die Erwachsenen die Reaktionen ihrer Amygdala bewusst wahrnehmen. Und dass sie – wenn es angebracht ist – das Kind oder die Kinder darauf hinweisen. »Was glaubt ihr, wie es meiner Amygdala gerade geht?« Das lädt zu einem offenen Austausch darüber ein, was der Betroffene tun kann, um seine Amygdala wieder zu beruhigen, und was den Alarm überhaupt erst ausgelöst hat. Zum Beispiel könnte der Erzieher fragen: »Welche Farbe hatte meine Amygdala heute früh, als ich reingekommen bin?« Und dann dürfen die Kinder ihre Einschätzung abgeben: grün, gelb, rot oder schwarz.

In brainsmarten Familien und Gemeinschaften wird die Amygdala beim Namen genannt. Wir kennen unseren großen Zeh und unseren Ellenbogen. Genauso können wir auch unsere Amygdala kennen und sie benennen, vor allem, wenn sie ihre Rolle als Alarmglocke ernst nimmt und losbimmelt.

ABLENKUNG – ABER WIE?

Wie kann man seine Amygdala geschickt und nachhaltig ablenken? Darf man das überhaupt? Wenn man nur den einfachen Weg geht – und zum Beispiel ruft »Sieh mal, eine Möwe!« – ändert man nichts an der Aktivierung und Koppelung der Hirnzellen. Du erinnerst dich? – Gehirnzellen, die gleichzeitig aktiviert werden, verbinden sich. Wenn Sofies Amygdala in den schwarzen Bereich saust, weil Dina ihre Spielsachen nicht mit ihr teilen will, und der Erwachsene Sofie mit der Möwe (oder etwas Vergleichbarem) ablenken will, ändert das nichts an den Verbindungen und auch nicht an der Kettenreaktion in Sofies Gehirn. Ihr emotionaler Zustand bleibt bestehen und führt wahrscheinlich dazu, dass sie in einer ähnlichen Situation wieder so reagieren wird.

Wenn man die Amygdala geschickt und nachhaltig ablenkt, indem man das System Amygdala von außen betrachtet, erreicht man sowohl den dämpfenden Effekt der Ablenkung als auch einen Lernerfolg. Das ganz hinten abgebildete und von mir entwickelte Amygdala-Thermometer hilft den Kindern zu verstehen, was da vor sich geht und wie sie ihre Amygdala wieder beruhigen können. Den Vorgang, über die Amygdala zu sprechen, nennt man Externalisierung. Dies bezeichnet die Verlagerung von Gefühlen, Motiven oder Zuschreibungen nach außen. Das ermöglicht dem Kind, seine eigene Reaktion von außen zu betrachten und leichter zu regulieren. Forschungsergebnisse haben gezeigt, dass die »bloße Erwartung«, seine Gefühle regulieren zu können, bereits genügt, um die Wahrscheinlichkeit maßgeblich zu erhöhen, dass das Kind damit tatsächlich Erfolg hat. Die Erinnerung daran, dass es ihm schon einmal gelungen ist, animiert das Kind dazu, es ein weiteres Mal zu versuchen.

Bring deinem Kind bei, über seine Amygdala zu sprechen. Mit der Zeit wird es in der Lage sein, sie selbst zu beruhigen.

Unsere Amygdala springt aus den unterschiedlichsten Gründen in den roten oder sogar schwarzen Bereich: Statusbedrohung, Gesichtsverlust, Befehl, ungebetener Ratschlag, zu eng oder zu weit gesteckter Wirkungsbereich, Zukunftsnebel, zu große Ziele, Unsicherheit, Ungerechtigkeit, Mimik, diffuse Erinnerungsfetzen, bestimmte Worte, Laute und Formulierungen, soziale Ausgrenzung usw. Zu einer übertriebenen Aktivierung kann es aber auch kommen, wenn das Kind zu wenig Wasser, Sauerstoff, Essen, Schlaf, Ruhe und Liebe bekommt. Das alles geschieht meistens unbewusst.

Diese Auslöser können natürlich auch zusammenarbeiten und die Überempfindlichkeit der Amygdala erhöhen.

Ein Beispiel: Ein Kind, dessen Amygdala in den schwarzen Bereich gesaust ist, wird zu einer Antwort auf die Frage »Warum?« genötigt. Es antwortet: »Weil ich nicht mitspielen durfte.« Wenn dieses Kind aber früher ins Bett gegangen wäre, ein gehaltvolles Frühstück statt der Choco Pops bekommen hätte und nicht kurz davor auf dem Spielplatz eine Statusbedrohung hätte erleben müssen, dann hätte es diese Situation mit weitaus kreativeren Reserven bewältigen können. Indem wir die Resilienz der Kinder stärken, stärken wir auch ihre Fähigkeit, eine Situation durchzustehen. Das Kind muss – mit anderen Worten – dem Amygdala-Thermometer nicht in jeder Situation eine zu große Bedeutung beimessen (und das gilt auch für uns).

Gleichzeitig müssen wir Erwachsenen natürlich wachsam bleiben, ob sich in die Beziehungen von Kindern Muster einschleichen. Das Kind, das systematisch vom Mitspielen ausgeschlossen wird, muss nicht immer die Leistung erbringen, tagein tagaus die bedrohliche Situation auszuhalten und sich immer wieder zu fangen. Wir müssen unseren Blick für Muster in den Beziehungen der Kinder untereinander schärfen und dann weise handeln.

WASSER, SAUERSTOFF, ESSEN, SCHLAF, RUHE UND LIEBE

Wasser, Sauerstoff, Essen, Schlaf, Ruhe und Liebe sind alles Helfer bei der Beruhigung der Amygdala. Sauerstoff kommt durch Bewegung oder durch frische Luft ins Blut – oder durch beides!

Manchmal genügt es nicht, die Amygdala auf mentaler Ebene beruhigen zu wollen. Wenn ein Kind sich unmöglich benimmt, kann es durchaus sein, dass sein Magen vor Hunger brüllt oder es vollkommen übermüdet ist. Dann ist es sinnvoll, ihm sofort neue Energie über einen dieser fünf Wege zukommen zu lassen und danach abzulesen, wie viel von dem »Problemverhalten« an diesem Energiemangel lag. Meistens verpufft es nämlich wie ein Tropfen Wasser auf dem heißen Stein. Und sollte es danach doch noch aktiv sein, dann hat das Kind nun wenigstens mehr Kraft, um die Situation zu bewältigen.

Die meisten Erwachsenen haben begriffen, dass es nicht besonders förderlich ist, spät am Abend und müde die Initiative für ein tiefgreifendes Beziehungsgespräch zu ergreifen. Aus demselben Grund ist es von Vorteil für alle Beteiligten, wenn wir wissen (und es praktizieren), dass wir die zentralen physischen Bedürfnisse eines Kindes zuerst befriedigen sollten – bevor wir eine große Nummer aus seinem Fehlverhalten machen. Sonst führt das zu einer Eskalation des Konflikts und der Kaperung durch die Amygdala. Eine physische Unterversorgung boykottiert viele, ansonsten vielleicht ganz gut funktionierende Interaktionen.

Am besten hast du Wasser, Sauerstoff, Essen, Schlaf, Ruhe und Liebe immer auf deiner Checkliste. Außerdem bekommen Kinder und Jugendliche den Impuls, nachzuspüren und für sich selbst die Initiative zu ergreifen. Warum sollen sie darüber nachdenken, dass sie »schon wieder so wütend sind«, und sich analysieren, warum sie so oft in dieser Stimmung sind? Damit sie stattdessen wissen und ausprobieren können: »Ein Glas Wasser könnte mir jetzt gut tun!«, »Ich nehme mir einen Apfel!« oder »Ich glaube, ich mache jetzt 10 Kniebeugen an der frischen Luft!«.

> Viele Amygdala-Kaperungen geschehen aufgrund einer Unterversorgung mit Wasser, Sauerstoff, Essen, Schla Ruhe und Liebe.

Vielleicht ist es gar nicht notwendig, es an dieser Stelle zu erwähnen, aber Erwachsene können selbstverständlich auch mit Wasser, Sauerstoff, Essen, Schlaf, Ruhe und Liebe unterversorgt sein. Auch sie müssen dann wieder auftanken, damit sie konstruktiv fühlen und sich angemessen verhalten können.

WAS LEIDER GAR NICHT HILFT

Wie wir gesehen haben, gibt es Dinge, die helfen, wenn wir von unserer Amygdala gekapert wurden. Aber es gibt auch Dinge, die überhaupt nicht helfen. Vielleicht hast du damit auch schon deine Erfahrungen gesammelt. Sieh dir nochmal die Zeichnung an – wie »schlapp« die Frontallappen sind, wenn die Amygdala im roten oder schwarzen Bereich ist.

Was auf gar keinen Fall hilft, ist das Kind unter Druck zu setzen und darauf zu bestehen, dass es sich erklärt, entschuldigt, den Konflikt klärt oder einen Grund angibt (»Was ist passiert?«, »Warum bist du so wütend geworden?«, »Was ist los?«). Es ist bestimmt gut gemeint, wenn wir als Konfliktmanager auftreten und das Problem lösen wollen. Aber das Timing ist denkbar ungünstig, wenn die gesamte Energie des Kindes gerade für die Amygdala-Kaperung abgezogen wurde. Das Fenster für einen möglichen Lernprozess ist vorerst geschlossen. Es gibt in diesen Momenten keinen »Überschuss«, um zu verstehen und ein neues Repertoire einzurichten. Das Erlernen von Neuem sollte nur – wie ich das nenne – »im grünen Bereich« stattfinden.

In diesen Momenten ist es auch wenig hilfreich, eine aufrichtige Entschuldigung einzufordern. Und auch wenn man super routiniert im Reframing von Situationen ist – wenn die Amygdala in den roten oder schwarzen Bereich geschossen ist, hat auch das Reframing nur eine eingeschränkte Wirkung. Generell kann man sagen, dass es bei einer Kaperung – im Panikzustand – nur Sinn macht, die Fertigkeiten des Kindes zu aktivieren, die es vorher im grünen Bereich erlernt. Denn es ist unerlässlich, dass das Gehirn »den Weg schon kennt«.

Wenn ein Kind die Aktivierung seiner Frontallappen gelernt hat, jagt die Amygdala in vielen Situationen gar nicht mehr in den roten und schwarzen Bereich. Denn es ist auf Höhe des gelben Bereiches in der Lage, auf die Kunst der Umdeutung zurückzugreifen. Dadurch findet die Beruhigung der Amygdala früh, schnell und effektiv statt. Das brainsmarte Kind bemerkt schnell, wenn sich seine Amygdala auf den Weg nach oben macht, und kann sie entweder früh genug beruhigen oder zumindest den Zeitraum von gelb bis schwarz strecken.

Natürlich kann es sich auch dafür entscheiden, das Gefühl auszukosten. Manchmal hat es da einfach Lust darauf – wütend zu sein zum Beispiel – und was soll ich sagen: Wir leben in einem freien Land! Aber diese emotionale Eskalation hat natürlich kognitive Konsequenzen und mit diesem brainsmarten Wissen ausgestattet nimmt das Kind meistens doch den Weg der Beruhigung. Vielleicht nicht gleich – aber bestimmt früher und ruhiger als unter anderen Umständen.

UND WENN DIE AMYGDALA »IM WEISSEN BEREICH« IST?

Die Amygdala ist die Alarmglocke unseres Gehirns, aber sie ist auch ein Relevanzdetektor. Sie überprüft permanent die Umgebung, was relevant, wichtig und interessant ist. Ihre Aktivierung ist entscheidend, damit wir neugierig mit unserer Umgebung in Kontakt treten. Wenn die Amygdala keine Relevanz von »da draußen« empfängt, gibt es keinen Kontakt zur stattfindenden Aktivität – beispielsweise in einem Klassenzimmer oder zu Hause.

Wenn man Personen, die hungrig sind, Fotos von Lebensmitteln zeigt, kommt es zu einer zusätzlichen Aktivierung der Amygdala. Zeigt man Personen mit einem hohen Empathievermögen Fotos von Mitmenschen, geschieht dasselbe. Im Idealfall schlägt die Amygdala auch aus, wenn ein Schüler eine Aufgabe, sein Klassenzimmer, die Sporthalle oder seinen Lehrer sieht. Nicht zu sehr. Aber eben auch nicht zu wenig. Jeder Lernprozess setzt also eine Aktivierung der Amygdala voraus. Wenn es folglich zu keiner Aktivierung kommt, findet keine relevante Verbindung statt: Das Ereignis hinterlässt keinen nachhaltigen Eindruck und weckt keine Neugierde in uns.

Lehrer haben mir berichtet, dass sie sehr genau sehen können, wessen Amygdala »im weißen Bereich« ist. Welcher der Schüler abgeschaltet hat und mit toten und desinteressierten Augen vor sich hinstarrt und sich fragt, warum er/sie überhaupt gekommen ist. In dieser Situation kann der Schüler nicht sehen, warum das eine große Relevanz für ihn haben sollte.

Darum ist nicht die Aktivierung selbst das Problematische an der Amygdala. Denn wie wir gesehen haben, ist das die Grundlage für jeden Lernvorgang. Problematisch wird es erst, wenn die Amygdala in den roten und schwarzen Bereich schießt, weil sie dann allen anderen Funktionen im Gehirn die Energie entzieht und wir keinen Zugriff mehr auf unsere Ressourcen haben.

Die Amygdala kann also vieles sein:

- *Hyperaktiv:* »Die Umwelt ist GEFÄHRLICH – und darum im höchsten Maße relevant.«
- *Inaktiv:* »Irrelevante Umwelt.«
- *Angemessen aktiv:* »Die Umwelt ist interessant, relevant und weckt Neugierde.«

Sowohl die hyperaktive als auch die inaktive Amygdala behindert den Lernprozess. Der Hippocampus – der Bereich im Gehirn, der für das Gedächtnis und das Lernen zuständig ist – arbeitet am besten, wenn die Amygdala angemessen aktiv ist. Nicht hyperaktiv: Das lähmt den Hippocampus. Aber auch nicht inaktiv: Das verhindert die Zunahme der Aufmerksamkeitsdichte.

Wenn wir trainieren wollen, die Amygdala aus dem weißen Bereich in den grünen zu holen – oder unseren Kindern dabei helfen wollen – können wir mit bestimmten Sätzen die Taschenlampe im Kopf einschalten, um auf Relevantes hinzuweisen.

» Was ist an dieser Situation wertvoll? (und nicht: *Ist hier überhaupt irgendwas wichtig – ja/nein?*)

» Wie kann ich das hier zu meinen Gunsten nutzen?

- » Wozu kann man/ich/können wir das hier nutzen? Und in welchen Situationen?
- » Was kann ich beitragen?
- » Sachen werden sofort lustiger/besser/interessanter, wenn man sich beteiligt.
- » Lustig, das erinnert mich total an .../Stell dir mal vor, wenn ...

Manchmal kommt es auch zu einem Kickstart und die Amygdala schießt gleich in den gelben Bereich, aber auch dann kann sie wieder beruhigt werden. Sie darf nur nicht zu stark aktiviert werden, dann kommt es sofort zum Energieverlust.

Am besten lernen wir, wenn die Amygdala angemessen aktiv ist, weder hyperaktiv noch inaktiv.

Ob die Amygdala eines Kindes »im weißen Bereich feststeckt« oder Neugierde und Überschuss generiert, können die Elemente Wasser, Sauerstoff, Essen, Schlaf, Ruhe und Liebe entscheidend mitbestimmen. Wir Erwachsenen sollten dafür Sorge tragen, dass sich unser Kind sicher und geborgen fühlt und auch stimuliert und herausgefordert wird. Dass es mit Aufgaben, Fragen und Aktivitäten konfrontiert wird, zu denen es sich verhalten kann, und sie als relevant für sich erlebt. Wir helfen ihm dabei, eine Brücke zwischen sich und der Welt zu bauen und seine Amygdala so regulieren zu können, dass es seine Umgebung wahrnimmt und relevant findet (und Sinn darin erkennt, dass es genau dort ist, wo es gerade ist). Wir alle profitieren von dieser Kompetenz, um uns in der Gemeinschaft zurechtzufinden, deren Teil wir sind.

TEIL 4

DIE WERTEMÜNZE

14

DEINE WERTE, MEINE WERTE

Die letzten Kapitel dieses Buches sollen unser Bewusstsein für die Wertevielfalt schärfen. Das verleiht uns einen besseren Halt im Leben und ein größeres Verständnis für die Werte anderer – unter anderem die unserer Kinder.

Je mehr wir über die Wertevielfalt wissen, desto stärker werden unsere Taschenlampe im Kopf, unsere Amygdala und unser Fotograf im Kopf.

1. Das Wertebewusstsein stärkt unsere Taschenlampe im Kopf

Wenn wir unser Wertebewusstsein steigern, helfen wir unserem Gehirn dabei, Positiv-Sätze zu verwenden und alternative Wege zu finden. Erinnern wir uns daran, wie die Negativ-Sprache im

Kapitel 2 *Du darfst nicht schlagen!* in eine Positiv-Sprache umformuliert (oder ergänzt) wurde! Einige dieser Sätze betonten ein bestimmtes *Verhalten* (»Mit der Schaufel graben wir im Sand!«), andere wiesen indirekt auf bestimmte *Werte* hin (zum Beispiel: »Wir haben nur den einen Elias. Er soll noch viele Jahre halten.«), die wir stärken wollen: Respekt, Verantwortung und Nachhaltigkeit. Mit einem geschärften Wertebewusstsein stärken wir mit anderen Worten eine Sprache, die der Logik unseres Gehirns folgt und es zur Mitarbeit auffordert.

2. Das Wertebewusstsein reguliert unsere Amygdala

Die Kenntnis unserer Kernwerte und der Werte, die uns in einer bestimmten Situation wichtig sind, verleihen uns Ruhe. Auch die Erkenntnis, welche Werte den anderen wichtig sind, schafft Ruhe und Raum. Plötzlich sehen und verstehen wir den Wert hinter einem bestimmten Verhalten und/oder auch den Wert hinter einer emotionalen Reaktion.

3. Das Wertebewusstsein erhöht die Kreativität des Fotografen im Kopf

Auch beim Reframing unterstützt uns das Wertebewusstsein. Erinnerst du dich noch an einige der Beispiele zum Thema Umdeutung? Die bevorstehenden, bedrohlichen Veränderungen, weil die Firma ein neues IT-System einführen sollte? Oder Majkens zertrümmerter Fuß? Blättere ruhig zurück und lies es dir noch mal durch. Auch Trines Reframing-Liste, die sie erstellte, weil sie die Milchverschütterei ihres Sohnes genervt hat. Unsere Sprache wird reicher und nuancierter, wenn wir wertebewusster sind.

Wenn ich von Werten spreche, denke ich nicht in den Kategorien *gut* oder *schlecht*, *richtig* oder *falsch*. Das Wertebewusstsein hilft dir, die Zusammenhänge zwischen Wert und Verhalten zu entdecken, und dient nicht der Erstellung einer ›In‹ und ›Out‹-Liste. Werte fördern oder hemmen nämlich bestimmte Verhaltensweisen, so wie unser Verhalten bestimmte Werte stärkt oder schwächt. Kleines Beispiel: Jemand, dem die Werte »Beharrlichkeit/Ausdauer« und »Gründlichkeit« sehr wichtig sind, kann dadurch sein Stresspotential verringern. – Jemand, dem sein Wert »Autonomie« sehr wichtig ist, kann sich am Ende sehr einsam fühlen.

Deine persönlichen Werte zu kennen, erhöht dein Empathievermögen und stärkt dich in allen Lebensbereichen.

Wenn wir die Werte erkennen, die in unseren Beziehungen eine Rolle spielen, erkennen wir auch die Vielschichtigkeit einer Situation. Wir gewinnen ein größeres Verständnis füreinander und wir entwickeln Empathie und Respekt. Wenn wir uns »nur« von außen betrachten – und das Verhalten des anderen verurteilen –, verpassen wir entscheidende Einsichten und werden nicht klüger.

RESPEKT! – EIN BEISPIEL

Flughafen Kastrup.
In der Schlange bei der Sicherheitskontrolle.
An einem frühen Dienstagmorgen.

Ich bin auf dem Weg nach Sandefjord in Norwegen, wo ich auf einer Konferenz für Schulleiter einen Vortrag über brainsmartes Lernen halten soll. Ich unterdrücke ein Gähnen und stelle mich in die Schlange, die sich durch die Eingangshalle schlängelt. Bevor ich von zu Hause aufbreche, fülle ich mir immer eine Flasche mit Wasser, damit ich auf der Fahrt zum Flughafen was zum Trinken habe. Aber an diesem Morgen hatte ich vergessen, die Fahrt dafür zu nutzen. Da stehe ich nun – mittlerweile mitten in der Schlange – und mir fällt plötzlich meine volle Wasserflasche ein.

Ich will die Flasche nicht abgeben müssen, sondern behalten, damit ich sie wiederverwenden kann. Aber jetzt ist es zu spät, das Wasser in einer der Toiletten auszugießen – mir bleibt nur mein Mund. Also mache ich mich an die Arbeit. Und trinke. Schluck für Schluck. Schon nach wenigen Minuten gluckert mein Bauch bei der kleinsten Bewegung. Und als ich beim Gepäckband angekommen bin, schütte ich den letzten kleinen Rest in einen der Mülleimer, die für die Flaschen bereitstehen.

Im selben Augenblick zerschneidet eine Stimme die morgendliche Stille im Raum. Sie gehört einem der uniformierten Angestellten, der für den geschmeidigen Ablauf der Prozedur zuständig ist.

»Igitt, das ist ja ekelhaft!«, poltert er los.

»Entschuldigen Sie, sprechen Sie mit mir?«

»Allerdings! Das ist ekelhaft, dass Sie Ihre Flasche in den Mülleimer ausleeren. Würden Sie das zu Hause bei sich auch machen?«, fragt er.

»Ähm ... ja, vielleicht ... wenn es keine andere Möglichkeit gibt. Aber wenn hier ein kleines Waschbecken wäre, hätte ich das Wasser selbstverständlich dort entsorgt.«

Ich registriere im Stillen, dass ich überraschend gefasst bin – und das vor einem Publikum von plus minus 40 Leuten. Ich stelle ebenfalls fest, dass meine Amygdala vor ein paar Jahren in einer solchen Situation schon längst im rot-schwarzen Bereich geschrillt hätte. Aber das tut sie an diesem Tag nicht. Obwohl ich gestehen muss, dass ich ziemlich baff bin. Aber mir gelingt es dennoch, meine Aufmerksamkeit auf den Mann zu konzentrieren, statt auf die anderen im Umfeld.

»Denken Sie denn gar nicht an den armen Mann, der nachher die Mülleimer leeren muss?«

»Nein, daran dachte ich tatsächlich nicht. Es war auch nur ein kleines bisschen Wasser, das müsste die Mülltüte doch halten. Und wenn Sie mich so fragen, erwarte ich eigentlich, dass er Handschuhe bei der Arbeit trägt.«

»Stellen Sie sich doch mal vor, das würden alle tun – das wäre doch ekelerregend.«

»Ja, das kann sein. Aber diese Entscheidung habe ich nun einmal vorhin getroffen. So wie Sie entschieden haben, es zu kommentieren.«

Ich weiß natürlich nicht, wie dein Gehirn funktioniert. Aber wenn es sich so ähnlich verhält wie meins, fällt dir meistens hinterher ein, was du stattdessen hättest sagen sollen. Mir geht es so, dass mein Gehirn in kritischen Momenten erst mal wie blockiert ist und dann auf Hochtouren die Situation durcharbeitet, bis ich ausdrücken kann, was ich eigentlich sagen wollte.

Zufälligerweise bekomme ich an diesem Tag die Gelegenheit dazu. Ich stelle also mein Gepäck auf das Band bei der Sicherheitskontrolle und gehe durch die Schleuse. Es piept. Zeit für eine Untersuchung mit dem Metalldetektor. Die zuständige Mitarbeiterin hat meinen kleinen Meinungsaustausch offenbar mitbekommen und fragt freundlich nach:

»Worum ging es da gerade?«

»Ihr Kollege hat mich zusammengestaucht«, platzt es aus mir heraus. Ich bin noch immer baff.

»Was ist denn passiert?«

Mein Gehirn hatte inzwischen Zeit zum Nachdenken: »Ich wollte meine Flasche ausleeren, damit ich sie nicht entsorgen muss, sondern mitnehmen kann. Ich finde das so doof, dass wir die Plastikflaschen nicht wiederverwenden. Das können wir doch der Natur zuliebe tun.« Die Mitarbeiterin nickt, lächelt und spricht davon, wie wichtig es ist, dass die Flughafenmitarbeiter die Passagiere respektvoll behandeln.

Die innere Ruhe, die mich durch diese Situation getragen hat, bekommt in diesem Augenblick Worte. Ich sehe mich fest verankert in meinen persönlichen Werten, die mir wichtig sind: »Verantwortung«, »Nachhaltigkeit« und »Respekt vor der Natur«. Diese Werte haben meinen Wunsch geformt, die Flasche zu behalten, statt sie zu entsorgen. Unterstützt wurden diese Werte wahrscheinlich noch von »Mäßigung« und »gesunder Menschenverstand«, die ich vermutlich im Blut habe.

Das Interessante an dieser Geschichte ist, dass hier zwei Menschen aufeinander getroffen sind, die ein und dasselbe Verhalten vollkommen unterschiedlich interpretiert haben, aber beide klar umrissene Werte vertreten. Denn der Mitarbeiter, der mich zurechtwies, hat selbstverständlich auch Werte, die ihn haben handeln lassen. Welche?

Das können wir natürlich nicht mit Sicherheit sagen. Aber vielleicht waren das »Respekt«, »Solidarität«, »Rücksichtnahme« oder »Gemeinschaft« (und beziehen sich auf den Kollegen, der die Mülleimer leeren muss). Vielleicht waren es auch »Ordnung« und »Struktur« (Wenn alle so handeln würden wie ich, wäre es unerträglich, unappetitlich und inakzeptabel). Vielleicht war er auch von Kants kategorischem Imperativ getrieben: *Handle nur nach derjenigen Maxime, durch die du zugleich wollen kannst, dass sie ein allgemeines Gesetz werde.* Wir wissen es nicht. Aber jedes Verhalten hat einen Sinn und folgt bestimmten Werten. Auch Situationen und Verhaltensweisen, die wir nicht verstehen können.

Außerdem hat der Vorfall gezeigt, dass es mindestens drei verschiedene Auslegungen des Begriffs Respekt gibt:

- Respekt dem Kollegen gegenüber (Standpunkt des Mitarbeiters)
- Respekt der Natur gegenüber (mein Standpunkt)
- Respekt den Fluggästen/Kunden gegenüber (Standpunkt der Mitarbeiterin an der Sicherheitsschleuse)

HAT SELBST EIN UMWELTSÜNDER WERTE?

Vertritt wirklich jeder Mensch in jeder Situation Werte, die sich in seinem Verhalten äußern? Lass uns das am Beispiel von Umweltsündern näher ansehen. Leute, die ihren Müll im Wald liegen lassen – kann deren Verhalten von Werten geleitet sein? Das können doch höchstens »Egoismus« und »Gleichgültigkeit« sein.

Aber »Egoismus« und »Gleichgültigkeit« haben keine Anziehungskraft. In den zehn Jahren, in denen ich auf diesem Gebiet tätig bin, habe ich noch nie erlebt, dass irgendjemand diese beiden Werte angegeben hat. Die Umweltsünder könnten aber vielleicht folgende Werte vertreten:

- Spontaneität
- Freiheit
- Selbstständigkeit/Autonomie
- Genuss/Den Augenblick genießen (ohne Rücksicht auf die Natur oder andere)

Einige würden unter Umständen sogar der Ansicht sein, dass sie

- Rücksichtnahme zeigen, weil sie dadurch den Job der *Waldaufräumer* sichern (ob es nun so einen Job gibt oder nicht!).

Ein Kursteilnehmer warf zu diesem Thema folgendes ein:

> *»Und wie ist das mit den jungen Leuten, die an der Bushaltestelle herumhängen und den Bürgersteig verstopfen, und die man erst bitten muss, doch Platz zu machen, um an ihnen vorbeizukommen? Die haben doch keine Werte, die sie mit diesem Verhalten vertreten!«*

»Doch, unter Garantie«, antwortete ich. »Welche? Vielleicht Spaß – also ihrer, nicht deiner! Oder Zusammengehörigkeit (in der Gruppe). Oder Respekt (den Gruppenmitgliedern gegenüber). Oder Loyalität? Ich weiß es nicht. Aber das *könnte* doch so sein.«

Werte spielen in jeder Situation eine Rolle, aber es ist mehr als unwahrscheinlich, dass wir alle immer dieselben Werte meinen.

Und das trifft natürlich auch auf Kinder und Jugendliche zu. Auch sie haben Werte, die sich in ihrem Verhalten widerspiegeln – auch wenn sie sich (vermutlich) nicht bewusst sind, welche Werte das sind. Je mehr du dich mit der Wertevielfalt beschäftigst – und dich für die Werte der Kinder und Jugendlichen in deinem Umfeld interessierst –, desto größer wird dein Verständnis für ihr Verhalten.

Sehen wir uns zuerst die Wertevielfalt ein bisschen genauer an und nähern uns dann der Frage, welche Rolle *Werte* in einem Buch über die Spielregeln des Gehirns haben. Im nächsten Kapitel stelle ich euch ein weiteres Werkzeug vor, das uns hilft, das Verhalten der Kinder und Jugendlichen besser zu verstehen. Ich nenne es die *Wertemünze.*

WELCHE WERTE SIND DIR WICHTIG?

Ich habe einen sogenannten Wertekatalog zusammengestellt, also eine Sammlung von Werten, die als Kernwerte benannt werden. Die Liste ist nicht vollständig. Vielleicht fehlt sogar einer deiner Kernwerte?

• Respekt	• Deutlichkeit
• Gemeinschaft/Zusammenhalt	• Kreativität
• Anerkennung	• Effektivität
• Gesundheit	• Demut/Wertschätzung
• Glaubwürdigkeit/Ehrlichkeit	• Ordnung/Struktur
• Achtsamkeit/Augenblick	• Weisheit/Einsicht
• Neugier	• Spontaneität

• Humor	• Systematik
• Verantwortung	• Nachdenklichkeit
• Service	• Freigiebigkeit/Großzügigkeit
• Nachhaltigkeit	• Enthusiasmus/Scharfsinn
• Wille	• Fröhlichkeit/Leichtigkeit
• Hellhörigkeit/Aufmerksamkeit	• Empathie
• Einbeziehung/Mitbestimmung	• Wachstum/Entwicklung
• Tatkraft	• Ausdrucksstärke
• Geborgenheit/Sicherheit	• Mut
• Lernen	• Tiefe
• Beitrag/Einfluss	• Vitalität/Lebenskraft
• Verbindung	• Optimismus
• Individualität	• Zuversicht
• Freiheit	• Energie/Überschuss
• Fürsorge	• Kompetenz
• Nähe	• Status/Ehre
• Freude	• Ausdauer/Beharrlichkeit
• Einigkeit	• Loyalität
• Integrität	• Lockerheit
• Konstruktivität	• Vorhersagbarkeit/Überblick
• Zusammenarbeit/Beziehung	• Unterstützung
• Zuverlässigkeit	• Stabilität
• Harmonie	• Synergie
• Gleichwürdigkeit/In Augenhöhe	• Unvoreingenommen-/Offenheit
• Gerechtigkeit	• Erfindergeist
• Mäßigung/Beherrschung	• Rücksichtnahme
• Vergebung	• Solidarität
• Pünktlichkeit/Präzision	• Selbstständigkeit

• Akzeptanz/Einverständnis	• Diskretion
• Zugänglichkeit	• Freundlichkeit
• Flexibilität	• Initiative/Unternehmungsgeist
• Ehrgeiz	• Produktivität
• Balance	• Leidenschaft
• Ruhe/Innere Ruhe	• Dankbarkeit
• Gewissheit	• Gesunder Menschenverstand

Kennst du deine Kernwerte? Weißt du, was dich antreibt und motiviert? Und kannst du die attraktiven Werte der anderen sehen? Ich möchte dich einladen, deine Kernwerte zu ergründen. Genau genommen möchte ich dich auffordern, das wirklich zu tun. Denn deine Werte machen dich aus, deinen Kern, wer du bist und was du tust. Deine Werte zu erforschen ist bereichernd und eine Reise, die durchaus ein Leben lang anhalten kann. Wenn du dich auf diese Forschungsreise begeben willst, findest du im Appendix A Anregungen dazu.

Die leitende Angestellte Karen näherte sich der 60, als sie bei mir einen Ausbildungsworkshop besuchte. Ihr gab es zu denken, dass sie ihre Taschenlampe im Kopf noch nie auf ihre persönlichen Werte gerichtet hatte:

> *Das ist doch komisch, Anette! Ich bin seit über 20 Jahren in einer Führungsposition. Ich habe neue Mitarbeiter eingestellt und dabei sehr auf Werte geachtet. Wir haben gemeinsam die Werte des Unternehmens besprochen und entwickelt. Aber ich habe mich noch nie auf die Suche nach meinem persönlichen Wertekanon gemacht. Und erst jetzt – nachdem ich ihn zusammengestellt habe – verstehe ich, was Kernwerte sind, tun und können.*

Welche sind deine Kernwerte? Vielleicht hast du schon ein klares Bild von ihnen. Oder du gehörst zu der Mehrzahl, deren Vorstellung davon, was ihnen *wirklich* wichtig im Leben ist, relativ diffus ist. Viele Menschen – wie Karen – gelingt es erst spät, das in Worte zu fassen, was eine große Bedeutung für sie hat. »Dass ich so alt geworden bin, ohne meine Kernwerte zu kennen!«

Deine Kernwerte sind grundlegende Werte, die dich wie Leitsterne begleiten können. Sie helfen dir zu entscheiden, für was und wen du deine Zeit und Energie einsetzen willst. Deine Werte motivieren dich zu Handlungen. Werte und Handlungen sind Zwillinge, die Hand in Hand durchs Leben gehen.

»Walk the talk« ist ein beliebter Spruch aus der Welt des Managements. Er bedeutet: Das zu tun, was man predigt. Sicherzustellen, dass deine Handlungen und deine Worte übereinstimmen. Glaubwürdig zu sein. Im Neuen Testament schlug Jesus bereits diesen Ton an, als er sich gegen die Selbstgerechtigkeit der Pharisäer aussprach: Man soll seine Werte nicht wie eine Brosche, sondern im Herzen tragen. Du kannst dir *wünschen,* etwas zu sein, das du in deinen Handlungen in Wirklichkeit nicht erfüllst. Aber dann sprechen wir von »Idealen« und nicht von »Werten«. Und Ideale sind nicht dasselbe wie Werte. Werte kann man im Alltag sehen.

Kennst du deine Kernwerte? Weißt du, was dich antreibt und motiviert?

Weil die Werte eng mit unseren Handlungen verbunden sind, ist es sinnvoll, sich zu fragen: Wie deutlich sind meine Werte in meinem Verhalten sichtbar? Die Karrierefrau kann als Kernwerte »Achtsamkeit« und »Freiheit« nennen, aber würde ein Filmteam, das sie begleitet, auch diese Werte in ihrem Verhalten ablesen können?

Wenn dir die Erforschung deiner Kernwerte im Moment noch zu unüberschaubar scheint, kannst du damit anfangen, meine Werteliste erneut durchzugehen und zu überlegen, welche fünf der Werte dir besonders wichtig sind. Dann kannst du dir überlegen, ob sich diese Werte auch in deinem Alltag und deinem Verhalten ablesen lassen. Gegenüber deinem Kind? Oder in deinem beruflichen Kontext? Je konkreter und lebhafter deine Bilder und Beispiele sind, desto wirksamer!

WERTE IN DER KOMMUNIKATION MIT KINDERN

Ein gesteigertes Wertebewusstsein hilft uns unter anderem dabei, im Umgang mit Kindern Positiv-Sätze zu formulieren. Aber wie und wo fangen wir an, diese Werte als Begriffe zu verwenden? Welche Werte können wir unmittelbar in der Beziehung zu unseren Kindern einsetzen – ohne eine größere Eingewöhnung? Und welche Werte können wir ins Spiel bringen, obwohl sie ein bisschen Gewöhnung erfordern?

In meinen Master Classes für Erzieher und Lehrer – oder in den Wertesitzungen für Eltern – sind die Teilnehmer oft AUFRICHTIG überrascht, wenn ich diese Fragen als eine Reflexionsaufgabe stelle. Denn sie entdecken, dass sie sich in der Lage – und »bereit« – fühlen, ziemlich viele der Wertebegriffe einzuführen.

Das Wertebewusstsein hilft dir in deiner Kommunikation mit deinem Kind, denn du setzt die Wertebegriffe viel bewusster ein.

Natürlich sollen die Kinder nicht plötzlich in diesen Begriffen ertrinken. Aber man kann durchaus ein bis zwei Werte pro Woche einführen. Also den Wert anerkennend benennen, den das Kind in seinem Verhalten zum Ausdruck bringt. Auch mit den ganz Kleinen kann man das schon machen, indem man den Wert mit anderen Worten beschreibt, die veranschaulichen, was der Begriff bedeutet:

- »Was du für eine **Ausdauer** hast! Du probierst es immer und immer wieder!«
- »Vielen Dank, dass du die **Verantwortung** übernommen und den anderen die Tür aufgehalten hast!«
- »Hast du einen guten **Humor.** Du bist so wunderbar und lustig!«

Es ist meiner Ansicht nach vollkommen in Ordnung, wenn die Kinder die lexikalische Bedeutung der Wertebegriffe nicht kennen. Durch die zusätzliche Beschreibung entwickeln sie allmählich ein Gespür dafür, in welchem Kontext das Wort benutzt wird – und welches Verhalten und welche Stimmung daran gekoppelt sind. Und dann, eines Tages, können sie den Begriff selbst verwenden.

Eine Erzieherin erzählte mir ein süßes Beispiel:

In unserem Kindergarten verwenden wir Wertebegriffe: Jede Woche wählen wir einen neuen aus. Eines Morgens bereite ich das Frühstück vor. Eines der Mädchen gesellt sich zu mir und fragt, ob sie mir helfen darf. Ja, selbstverständlich. Kurz darauf sieht sie mich an und sagt voller Begeisterung: »Tina, Tina, Tina – jetzt weiß ich es!« Woraufhin ich sie frage: »Was denn?« »Ich übernehme Verantwortung, Tina. Ich übernehme gerade Verantwortung!«

Erfahrungen wie diese lassen Kinder wachsen. Sie verstehen sich und ihre Umwelt besser, weil es ihnen hilft, ihre Wahrnehmungen schrittweise mit einem Begriff zu verknüpfen.

WERTE IN DER KOMMUNIKATION MIT ANDEREN ERWACHSENEN

Die Erforschung der Werte des anderen kann auch in der Interaktion zwischen Ehepaaren, Freunden und Kollegen bereichernd sein. Mein Mann und ich haben uns eines Abends hingesetzt –

ein Glas Rotwein und Kerzen auf dem Tisch – und haben den Wertekatalog kopiert und die Begriffe ausgeschnitten. Ein Wort pro Zettel. Jeder von uns sollte dann je fünf bis sieben Zettel mit Begriffen auf zwei Blatt Papier kleben. Das eine Papier hatte die Überschrift *Meine Kernwerte*, das andere *Meine wichtigsten Werte in einer Partnerschaft*.

Ich kann vorab sagen, dass man auch ohne übereinstimmende Listen eine gut funktionierende und wunderbare Beziehung haben kann! Und ich möchte unterstreichen, wie spannend und interessant es war, unsere Auswahl durchzugehen und zu besprechen. Festzustellen, welche Werte der eine gewählt hatte, aber der andere nicht, und für welche zentralen (und meist sehr hilfreichen) Werte in einer partnerschaftlichen Beziehung sich keiner von uns entschieden hatte.

Die Spurensuche nach unseren Werten hat unsere Beziehung bereichert und das Verständnis füreinander gesteigert. Wir können viel ehrlicher miteinander umgehen. Uns über die Werte freuen, die wir gemeinsam teilen und die uns wichtig sind. Und wir können schneller Zusammenhänge erkennen und dann beispielsweise sagen: »Weil mir der Wert X so wichtig ist, verliere ich die Fassung, wenn du Y sagst/tust.«

15

SO FUNKTIONIERT DAS MIT DER WERTEMÜNZE

Louise (17) hat ihrer Freundin Therese abgesagt. Die beiden waren zum Squash spielen verabredet gewesen. Seitdem hat Louise ein schlechtes Gewissen! Sie haben so selten Gelegenheit zu spielen und Louise hat jetzt das Gefühl, dass man sich auf sie nicht verlassen kann. Dass sie so eine ist, die im letzten Moment kneift.

Als Louise die Wertemünze kennenlernt, passiert etwas. Denn die Wertemünze hilft uns dabei, unsere Werte im Alltag anzuwenden. Stell dir eine Münze vor. Die hat zwei Seiten. Auf der einen Seite steht **Verhalten**, auf der anderen Seite **Werte**. Das ist die **Wertemünze**. Die eine Seite beschreibt das Verhalten. Die andere Seite die Werte, die sich in dem Verhalten widerspiegeln.

Louise erkennt plötzlich, dass sie durch ihr Verhalten Werte vertreten hat, die ihr wichtig sind. Dass sie ›Ja‹ zu dem einen sagte, in dem sie ›Nein‹ zu etwas anderem gesagt hat. Mit der Absage des Squash-Termins hat Louise diese Werte anerkannt:

- **Überblick** (sie hatte einen supervollen Terminkalender in den folgenden Wochen)
- **Energie/Überschuss** (wovon sie offensichtlich nicht viel hatte)
- **Fürsorge** (in diesem Fall in Form der Selbstfürsorge)
- **Gesundheit** (ihre eigene mentale und physische Gesundheit)

Wie durch Zauberhand verschwand Louises nagendes schlechtes Gewissen und sie spürte innere Ruhe und Klarheit. Sie konnte zu ihrer Entscheidung stehen. Und sie hatte die Zuversicht, dass sie beim nächsten Mal in einer ähnlichen Situation ihre Kommunikation würde ändern können. Dann würde sie nicht nur ›Nein‹ sagen, sondern auch ausdrücken können, was ihr in diesem Moment wichtiger ist. Und ihre Taschenlampe im Kopf würde nicht manisch die Stelle beleuchten, zu der sie ›Nein‹ gesagt hat. Sie wäre dann auf die Stelle gerichtet, zu der sie ›Ja‹ gesagt hatte.

Mit jedem Verhalten – unserem eigenen oder dem anderer – werden bestimmte Werte sichtbar. Hinter jedem Verhalten stehen nämlich Werte, die dem Handelnden wichtig sind. Meist aber sind diese Werte unbewusst. Das liegt daran, dass wir eine relativ begrenzte Sicht auf Werte haben.

Wenn wir die Wertemünze benutzen (egal ob wir das mit einer realen Münze machen oder uns nur die beiden Seiten einer Münze vorstellen), erhalten wir eine vielfältigere Sicht auf eine Situation, die uns ansonsten versperrt bleiben würde. Außerdem erfahren wir mehr über die Perspektive der anderen und über die gute Absicht unseres eigenen Verhaltens. Wenn wir uns die Wertschätzung – und Neugier – behalten, können wir durch die Anerkennung anderer Perspektiven sehr viel gewinnen: Erkenntnis, Weisheit und einen konstruktiven Blick auf die Welt.

Viele Kleinkinder lernen schon in der Krippe, »STOPP!« zu sagen und Einspruch zu erheben mit »Ich will das nicht!« usw. Ich finde es sinnvoll, Kindern schon früh beizubringen, wie sie ihre Grenzen erkennen und verteidigen. Jedoch kann es schnell zu rigide werden und dann der eigentlichen Absicht entgegenwirken. Wenn ein Kind richtig gut »Nein sagen« kann, ohne dass sein Bewusstsein dafür gestärkt wird, wozu es denn »Ja sagen« will, bewegt es sich ausschließlich auf der Negativ-Schiene.

Die Wertemünze hilft uns, die gute Absicht unseres eigenen Verhaltens zu sehen.

Außerdem ist es unerträglich, wenn Kinder untereinander am laufenden Band diese Notbremse ziehen. Sie sprechen dann in GROSSEN (Negativ-)Buchstaben statt mit nuancierten kleinen (Positiv-)Buchstaben. Einige Kinder haben sich so sehr daran gewöhnt, »Stopp!« zu hören und es selbst zu verwenden, dass sie ihre Umwelt nur danach wahrnehmen. »Aber sie hat doch gar nicht »STOPP« gesagt!«, sagen sie dann, wenn das Spiel ein wenig zu gewalttätig wurde. Als wäre das die einzige Methode, Nein zu sagen. In solchen Situationen sollte man die Kinder für Mikrosignale, Mimik und Körpersprache sensibilisieren.

Viele Menschen sind der Ansicht, sie müssten das Nein sagen üben. Auch hier kann unser Wertebewusstsein das Zünglein an der Waage sein. Wenn wir Nein sagen, sollten wir herausfinden, wozu wir denn gleichzeitig Ja sagen. So kann uns die Wertemünze auf Dinge hinweisen, die wir sonst nie entdeckt hätten.

GEMEINSAME WERTE – WIR SIND DOCH EINER MEINUNG, ODER?

Von der Wertemünze inspiriert, wollte ein Abteilungsleiter dieses Werkzeug an seinen Mitarbeitern ausprobieren. Sie hatten im Team einen gemeinsamen Wert: »Gegenseitiger Respekt«. Er bat alle Teammitglieder aufzuschreiben, was für sie auf der anderen Seite der Wertemünze stand. Welches Verhalten sollte auf der anderen Seite stehen, wenn der Wert »gegenseitiger Respekt« war? Wie sah – mit anderen Worten – der »Beweis« des jeweiligen Mitarbeiters für den gegenseitigen Respekt aus?

Alle staunten, als die Antworten vorgelesen wurden. Der erste Kollege schrieb: »Für mich zeigt sich gegenseitiger Respekt darin, dass wir uns an die verabredeten Abläufe halten.« Der nächste hatte geschrieben: »Für mich zeigt sich gegenseitiger Respekt darin, dass wir unsere Verschiedenheit akzeptieren.« Der dritte las vor: »Für mich zeigt sich gegenseitiger Respekt darin, dass mich die Kollegen am Montagmorgen fragen, wie mein Wochenende gewesen ist.« Und ein vierter meinte: »Für mich zeigt sich gegenseitiger Respekt darin, dass ich meine Arbeit erledigen kann, ohne die ganze Zeit quatschen zu müssen.«

Ist das eine Herausforderung? Kann das Konflikte hervorrufen, weil die »Beweise«, die Interpretationen der Wertebegriffe, so unglaublich variieren? Nicht notwendigerweise. Aber dazu kann es natürlich kommen. Es ist immer einfacher, sich auf ein Niveau zu einigen, das ich ganz gerne das »Trinkspruch-Niveau« nenne: »Gegenseitiger Respekt – Hebt das Glas! – PROOOST!« Es ist herrlich gebührenfrei, über Werte zu sprechen, wenn man dafür nicht in tiefere Schichten vordringen muss. Aber so erfahren wir nicht, wie diese Werte sich im Alltag äußern sollen, und bereiten den Boden für Missverständnisse.

Mein Erlebnis am Flughafen ist ein gutes Beispiel dafür. Wahrscheinlich haben der Mitarbeiter und ich beide den Wert »Respekt« vertreten, wir haben ihn nur mit unterschiedlichen Dingen verbunden. Für mich war es der Respekt der Natur gegenüber (weil ich die Flasche wiederverwenden wollte). Für ihn ging es vermutlich um meinen mangelnden Respekt dem Kollegen gegenüber (der den Mülleimer leeren muss) und den Respekt, den er ihm zeigte, indem er mich zurechtwies.

Man kann sich natürlich auch – andersherum – über das

Verhalten einig sein, obwohl verschiedene Werte dahinterstehen. An einem Arbeitsplatz haben sich alle darauf geeinigt, sich mit »Guten Morgen« zu begrüßen. Unter Umständen aber würdigt jeder andere Werte damit. Der eine »Energie«, der Nächste »Gemeinschaft«, ein Dritter »Höflichkeit«, ein Vierter »Gehorsam« (der Absprache gegenüber), der Fünfte »Respekt« (den Kollegen gegenüber) usw. Das muss nicht zwingend zu einem Problem werden. Aber es könnte!

WERTEMÜNZE IM ALLTAG – ZWEI ÜBUNGEN

Mit diesen kleinen Übungen kannst du die Wertemünze für dich entdecken und sie in deinem Alltag einsetzen.

In der ersten Übung geht es um eine Situation, in der du Nein gesagt hast (à la Louises NEIN zum Squash). In der zweiten Übung geht es um eine Situation, in der jemand etwas getan hat und du anderer Meinung warst (à la Wasserflasche an der Sicherheitskontrolle).

ÜBUNG 1

- Stell dir eine Situation vor, in der du »Nein« gesagt oder Widerspruch eingelegt hast.
- Zu welchen Werten hast du unausgesprochen damit »Ja« gesagt? Welche Werte hast du mit deinem »Nein« vertreten? (Suche dir zwei, drei oder vier Werte aus dem Wertekatalog aus – die auch nicht notwendigerweise auf deiner Liste der persönlichen Kernwerte stehen müssen!)

ÜBUNG 2

- Stell dir jetzt eine Situation vor, in der eine andere Person etwas gesagt/getan hat, mit dem du nicht einverstanden warst.
- Zu welchen Werten hat diese Person unter Umständen »Ja« gesagt? Welche Werte hat sie mit ihrem Verhalten gewürdigt und vertreten? (Suche zwei, drei oder vier Werte aus dem Wertekatalog aus – die auch nicht notwendigerweise auf deiner Liste der persönlichen Kernwerte stehen müssen!)

Wenn wir die Wertemünze einsetzen, entdecken wir oft Nuancen, die uns sonst verborgen geblieben wären. Wir gewinnen ein größeres Verständnis für die Perspektive des anderen und über die gute Absicht unseres eigenen Verhaltens. Wir stärken unser Empathievermögen.

Die Wertebegriffe sind eine willkommene Hilfe, um unseren Kindern ein noch raffinierteres Feedback geben zu können und unsere Kommunikation mit ihnen zu festigen. Im nächsten Kapitel sehen wir uns an, wie wir die Werte in der Interaktion mit Kindern einsetzen können – und gleichzeitig auf die zentralen Spielregeln des Gehirns zurückgreifen.

16

MIT RESPEKT UND HUMOR

Ich hatte das Glück, ein besonders gelungenes Beispiel für die Verwendung der Positiv-Sprache und des Wertefokus miterleben zu dürfen. Wir waren in Boston und sind ins Aquarium gegangen, wo man die verschiedensten Meerestiere mit der Hand berühren darf. Unsere älteste Tochter Celina war damals drei Jahre alt und wollte einen der Seesterne berühren. Aber entweder fand sie die Vorstellung, dass ihre Hand unter Wasser war, unangenehm oder sie war einfach superneugierig – oder beides. Auf jeden Fall hob sie wie im Reflex den Seestern aus dem Wasser, um ihn sich anzusehen. Sofort kam eine Mitarbeiterin auf uns zugestöckelt ... Wenn diese Mitarbeiterin sich *nicht* mit den Spielregeln des Gehirns ausgekannt hätte, wäre ihre Reaktion womöglich so ausgefallen: »Man darf die Meerestiere nicht aus dem Wasser nehmen!« oder »Bitte lege ihn sofort wieder zurück – das verträgt er nicht!«. Sie aber sagte:

Du darfst den Seestern gerne hochheben, um ihn dir anzusehen, wenn du dafür sorgst, dass er unter Wasser bleibt. Magst du einen kleinen Eimer für ihn haben? Er braucht Wasser, damit es ihm gut geht.

Diese brainsmarte Herangehensweise hat Celina folgendes ermöglicht:

- Sie konnte ihren Status bewahren (und entging einem drohenden Gesichtsverlust) und empfand weder Scham, Verkehrtheit oder eine Bedrohung – viel eher eine Motivation, ihre Untersuchung mit neuen Methoden fortzusetzen.
- Sie konnte sich vorstellen, was sie als Nächstes tun konnte: ›Wenn du dafür sorgst, dass er unter Wasser bleibt.‹
- Sie konnte den nächsten Schritt machen, voller Enthusiasmus: ›Magst du einen kleinen Eimer für ihn haben?‹
- Sie konnte einen größeren Zusammenhang kennenlernen: ›Seesterne brauchen das Wasser, damit es ihnen gut geht.‹

Die Mitarbeiterin hatte das kindliche Gehirn zu ihrem Mitspieler gemacht. Sehr klug! Natürlich war Celina Feuer und Flamme, genau das auszuprobieren. Sie hatte ihren Status bewahren können: Ihre Amygdala war im grünen Bereich. Darum war sie nach wie vor neugierig und wissbegierig und hatte einen unverstellten Zugang zu ihren Frontallappen. Und JA: Sie wollte sehr gerne den Seestern in einem kleinen Eimer genauer betrachten.

Die SAPP-Methode

Auf brainsmarte Weise Grenzen zu setzen, sichert Elementares:

STATUS-ERHALT: Weil die Amygdala in den roten Bereich schnellt, wenn man sich bedroht oder runtergemacht fühlt, besonders vor Publikum. Das raubt uns eine Menge kognitiver Energie, die uns dann beim Lernen und Entdecken fehlt.

ALTERNATIVEN: Unser Gehirn braucht attraktive Alternativen. Wege, die wir stattdessen nehmen können. Wenn das Gehirn keinen Weg sieht, bleibt es »stehen«. Und wenn das Gehirn zwar einen Weg sieht, der aber weder attraktiv noch erfolgversprechend erscheint, wird es sich dort nur langsam, widerstrebend und schleppend entlangbewegen.

PRAKTISCHE HILFE: Der Erwachsene hilft dem Kind, den nächsten Schritt gehen zu können, statt sich in der Situation gefangen zu fühlen. Das Angebot, einen kleinen Eimer zu benutzen, löst die Spannung und richtet die Aufmerksamkeit des Kindes auf eine konkrete Handlung.

PERSPEKTIVE/WERTE: Unser Gehirn besteht aus Milliarden von Verbindungen und jeder Gedanke erzeugt eine neue Verknüpfung mit einem Gefühl oder einem neuen Gedanken. Forscher nennen das *Verknüpfungsbäume*, die sich unentwegt im Gehirn bilden und wachsen. Wenn wir ein bestimmtes Verhalten in einen größeren Zusammenhang (Wert) setzen, helfen wir bei der Entstehung/Stärkung von neuen Verbindungen im Gehirn unseres Kindes. Am Beispiel des Aquariums können wir eine Verknüpfung zwischen »ein anderes Wesen (Seestern) – Verantwortung – konkrete Handlung« herstellen. Das wiederum wird wahrscheinlich dazu führen – wenn es uns gelingt, dass das Gehirn des Kindes »mitmacht« –, dass es zukünftig eher bereit ist, Verantwortung für ein anderes Wesen zu übernehmen.

Zurzeit scheint es irgendwie *in* zu sein, folgende Haltung einzunehmen: »Wenn dein Kind dich *die schlimmste Mutter der Welt* nennt, dann nimm es als ein Kompliment!« In meinen Augen ist es ein großer Irrtum, dass wir Erwachsenen so etwas wie Stolz empfinden sollen, wenn wir in unseren Kindern tiefe Frustration auslösen. Damit will ich nicht sagen, dass in der Kommunikation zwischen Erwachsenen und Kindern nicht auch mal was danebengehen kann. Aber das Ziel sollte meiner Ansicht nach sein, dass wir eindeutig im Aufzeigen von Grenzen sind, unendlich großzügig in unserer Liebe und klar in der Analyse der kleinen Veränderungen, die Großes bewirken können. Und ebenso klar in der Vorstellung, welche Perspektiven, Werte und Verhaltensweisen unser Kind (und wir) trainieren sollten, um unsere Resilienz und unser Wohlbefinden zu steigern.

Wenn du deinem Kind deine Grenze zeigst, dann sei eindeutig, unendlich großzügig in deiner Liebe und klar in der Analyse.

Das Aufzeigen von Grenzen kann sich wie Ärger und Wut anhören. Aber auch darin liegt eine große Chance für die Kommunikation. Wie sagte ein Junge zu seinem kleinen Bruder: »Papa ist nicht wütend. Er hat uns seine Grenze gezeigt.« Kinder können lernen, diesen Unterschied zu erkennen.

DIE GABE-METHODE

Diese Methode hilft dem Kind, seine Balance wiederzugewinnen, nachdem ihm eine Grenze aufgezeigt wurde. Dabei spielt Humor eine entscheidende Rolle. Wenn du dein Kind mit deiner Resilienz anstecken willst, musst du ihm zeigen, dass auch du dich relativ schnell wieder fangen kannst. Es ist verführerisch und viel leichter, Sätze dieser Art von sich zu geben: »Hör auf, deine Schwester zu kneifen. Stopp, habe ich gesagt! Ich will nicht, dass du sie kneifst. Hör zu, wenn ich mit dir rede!« ABER:

- Damit richten wir die Taschenlampe im Kopf nur auf das Verhalten, das wir eigentlich NICHT befördern wollen.
- Wir verpassen eine wunderbare Gelegenheit, das Kind an die Hand zu nehmen und neue, konstruktive Wege zu gehen.

- Wir setzen das Kind einer Statusbedrohung aus; es droht Gesichtsverlust – besonders vor Publikum.
- Damit erhalten wir die negative Energie der Situation am Leben.

Konstruktive Zustandswechsel sind dagegen regelrechte Energiebooster, erzeugen Überschuss und fördern den Lernprozess. Diese Wechsel kann ein Erwachsener auslösen, der die Spielregeln des Gehirns kennt. Ich nenne das die GABE-Methode und dahinter verbirgt sich:

- **G**renzen setzen
- **A**ndere Perspektive aufzeigen
- **B**evorzugte Werte benennen
- **E**nergie steigern

Wie sich das dann anhören würde? So zum Beispiel: »Hey – stopp! Was glaubst du, wie das ist, von einem großen, starken Bruder gekniffen zu werden? Respekt: Hier in unserer Familie passen wir aufeinander auf. Okay? Wenn du in einen Kneifclub willst, statt weiter Fußball zu spielen, können wir uns morgen mal danach erkundigen ...«

Ich beobachtete vor einiger Zeit, wie eine Gruppe von vier Jungen im Schulhof eine tote Amsel mit Steinen bewarf. »Hey, Jungs. Wenn ihr dort tot liegen würdet, fändet ihr das cool, mit Steinen beworfen zu werden?« Das stellten sie sich tatsächlich nicht so cool vor. »Wir sollten uns alle gegenseitig mit Respekt behandeln, okay? Schönen Tag noch.« Deiner Kreativität sind keine Grenzen gesetzt. Du kannst mit deiner Sprache spielen, Sachen fallen lassen oder stolpern. Das löst die Stimmung und das Argument wird schon seinen Weg finden und durchsickern.

Mit der GABE-Methode gehen wir mit gutem Beispiel voran. Wir zeigen, dass wir gleichzeitig eindeutig, empathisch und herzlich sein können und dabei den Blick für einen größeren Zusammenhang nicht verlieren. Außerdem sind wir gute Vorbilder in Sachen Resilienz, weil wir uns schnell wieder fangen können.

REFRAMING ÜBERALL!

Wenn wir die beiden Methoden einsetzen, die ich euch soeben vorgestellt habe – SAPP und GABE – sind wir schon mittendrin im Reframing. Wir deuten die Situation »Zurechtweisung« um in ein »Angebot, neue, konstruktive Wege zu gehen.«

Wenn wir resiliente und brainsmarte Kinder haben wollen, müssen auch wir uns emotional schnell wieder fangen können und ihnen den Weg dorthin zeigen.

In Wirklichkeit geht es im Buch die ganze Zeit um Umdeutung. Wenn wir die Taschenlampe im Kopf einsetzen, deuten wir zum Beispiel das Verhalten unseres Kindes von »etwas, das aufhören/unterbunden werden muss« um und verstehen es als »ein Verhalten, dem auch ein Wert zugrunde liegt« – und damit können wir dann arbeiten: es brainsmart umlenken. Wenn wir unser Wissen über die Amygdala benutzen, deuten wir zum Beispiel die Verknüpfung »Wut – Problem« um in »Wut – erhöhte Amygdala-Aktivität, die reguliert werden kann«. Wir denken an die Wertemünze und deuten unseren Fokus um: Aus »Registrieren eines Verhaltens« wird »Registrieren von Werten, die ein bestimmtes Verhalten antreiben«.

Nicht ohne Grund ist die Idee also sinnvoll, das Reframing wäre bereits im Trinkwasser, damit wir es so täglich zu uns nehmen könnten. Denn es ist unverkennbar eine zentrale Kompetenz, um im Leben gut zurechtzukommen.

17

WER DIE SPIELREGELN KENNT, KANN NUR GEWINNEN

Die Hirnforschung revolutioniert unser Wissen über das Gehirn und wir sollten uns die zentralen Begriffe aneignen: sie in unseren Beziehungen in Schule, Tageseinrichtungen, Familien, Vereinen verwenden und die Gesellschaft daran teilhaben lassen.

Wir alle haben eine Amygdala in unserem Gehirn, die durchdrehen kann. Warum sollten wir dieses Wissen den Kindern noch länger vorenthalten? Wie ich schon sagte, sollte uns die Amygdala so vertraut sein wie unser großer Zeh und der Ellenbogen.

> *Die brainsmarten Werkzeuge sind so anschaulich. So konkret, damit können auch Kinder etwas anfangen. So fällt es ihnen leichter, auch mit schwierigen Gefühlen umzugehen. Das ist toll, zu beobachten, wenn sie so früh schon ein Bewusstsein dafür entwickeln können.« (Ein Elternteil über die brainsmarten Werkzeuge)*

Der sechsjährige Philip – schon eine Weile vertraut mit den Werkzeugen – sollte zu einer U-Untersuchung zum Arzt. Dort hing ein Plakat mit dem menschlichen Gehirn. Zielsicher ging er darauf zu und zeigte auf eine Stelle:

> *Dort sitzt die Amygdala. Sie ist die Alarmglocke in unserem Gehirn. Sie macht ding, ding, ding, wenn man wütend oder traurig wird.*

Der Arzt und die Mutter sind fast vom Stuhl gefallen.

Das eine ist das Wissen der Kinder, das andere sind die systemischen Effekte, die Wechselwirkungen. Ein Erzieher fasste das auf den Punkt zusammen:

> *Die Distanz zwischen Erwachsenen und Kindern wurde durch unser gemeinsames Wissen über die Amygdala und den Umgang mit ihr vollkommen aufgeweicht. Wir alle wissen jetzt, dass wir eine Amygdala haben und dass jede von ihnen jederzeit in den roten oder schwarzen Bereich schnellen kann. Wir sehen uns jetzt mit anderen Augen. Und wir können einander besser verstehen.*

Und darum ging es mir. Mein Ziel war es, dich mit dem Wissen über unser Gehirn und seine Spielregeln auszustatten – damit du dein Kind fürs Leben stärken kannst. Meine Hoffnung ist, dass du so viel wie möglich in dich aufgenommen hast und Verbindungen zu deiner eigenen Wirklichkeit herstellen konntest. Dass du jetzt bereit bist für die nächsten, experimentierenden Schritte. Du bist jederzeit herzlich willkommen, mich an den Etappen deiner Reise teilhaben zu lassen. Allzeit gute Fahrt!

Mit herzlichen Grüßen

Anette Prehn
anette@anetteprehn.com

DAS KLEINGEDRUCKTE

APPENDIX A: ENTDECKE DEINE WERTE

Es ist sehr hilfreich, seine Werte zu kennen, aber nicht immer einfach, sie zu identifizieren. Darum biete ich meine Hilfe an. Ich habe sieben Übungen zusammengestellt, die dich beim Erkunden deiner Werte unterstützen. Einige der Übungen werden dich eher ansprechen als andere. Du entscheidest, ob du alle oder nur ein paar davon machen willst.

Es gibt kein »Lösungsheft«. Es gibt auch keine Werte, die »besser« sind als andere. Achte genau darauf, welche Bedeutung du deinen Werten beimisst. Sie entspricht nicht zwangsläufig der, die andere ihnen beimessen, und es gibt kein unabhängiges Schiedsgericht!

Je ehrlicher du bist, desto besser wird deine Ausgangslage, um gute und anhaltende Ergebnisse bei diesem Selbstcoaching zu erreichen. Deine Liste ist weder absolut noch endgültig – sie kann sich jederzeit verändern und entwickeln. Betrachte sie als eine Art dynamische Arbeitsunterlage, die du ständig verfeinern und immer und immer wieder verwenden kannst.

Mache dir bei jeder Übung Notizen, in einem Logbuch. Oder fertige eine Werte-Minimap an: Du schreibst die Werte auf ein Blatt Papier und verbindest sie durch Linien miteinander. Am Ende hast du eine ganze Menge Material, wirst aber die Werte auswählen können, die dir am wichtigsten sind.

ÜBUNG 1: Schlüsselerlebnisse in deinem Leben

Was waren bisher deine Schlüsselerlebnisse in deinem Leben? Wenn du zurückblickst, was für Ereignisse oder Momente hatten eine so starke Bedeutung für dich, dass dein Leben danach eine neue Wendung genommen hat? Stell dir dein Leben als langen Weg vor, dann kannst du dir die vielen Windungen und Abweichungen ansehen und dorthin zurückgehen. Das können wichtige Erkenntnisse gewesen sein, eine Freundschaft, der Tod eines geliebten Menschen, eine persönliche Wandlung, ein neuer Job oder etwas Ähnliches.

Aber Schlüsselerlebnisse haben nicht einfach »nur« einen großen Einfluss auf dein Leben. Sie bewirken auch etwas auf der Werte-, Gefühls- und Verhaltensebene. Sie sind von der Sorte »Kein Weg zurück«!

Wenn du deine Schlüsselerlebnisse zusammengetragen hast, frage dich aufrichtig, was sie in dir verändert haben. Welche deiner Werte wurden durch sie bestärkt? Welche herausgefordert? Welche haben sich geändert? Notiere dir, über welche Werte du dir durch diese Übung bewusster geworden bist.

ÜBUNG 2: Höhepunkte in deinem Leben

Höhepunkte sind viel ekstatischer als Schlüsselerlebnisse. Das ist ein Zustand, bei dem du von etwas vollkommen eingenommen bist – ohne einen Gedanken an Ort und Zeit. Einige nennen sie die »magischen Momente« oder die »perfekten Augenblicke«.

Was waren bisher deine Höhepunkte im Leben? Denk an die Augenblicke in deinem Leben, wo alles »lief«. Vielleicht gab es Herausforderungen, aber die hast du gemeistert und dich großartig gefühlt. Das Glücksgefühl oder das Ereignis kann wenige Augenblicke, Stunden oder Tage angehalten haben, aber es hat dich mit großer Freude, innerem Reichtum und Ruhe erfüllt. Du warst im Flow.

Wähle ein paar der Höhepunkte aus und orientiere dich bei der Reflexion über sie an diesen Fragen:

- Was hat dich an dem Ereignis besonders begeistert?
- Was war an dem Augenblick wichtig? Welche Werte waren dir in dem Moment wichtig?
- Was hat dein Interesse gefesselt, deinen Enthusiasmus, deine Begeisterung befeuert?

ÜBUNG 3: Was macht dich wütend oder unzufrieden?

Werte schätzt man wert! Wenn man wirklich weiß, was man will, möchte man unbedingt das Gegenteil davon meiden. Zieht man die Freiheit vor, wird man wütend und unzufrieden, wenn diese eingeschränkt wird.

Wenn du in einer Situation wütend oder unzufrieden wirst, überschreitet etwas oder jemand deine Grenze und bedroht einen oder mehrere deiner Werte (Vergiss dabei nicht, dass Wut und Frust auch entstehen können, weil du an einem anderen Wesenszüge siehst, die dir auch an dir selbst nicht gefallen!).

Erinnere dich an ein paar Situationen, in denen du fuchsteufelswild, frustriert oder stinksauer geworden bist. Notiere sie dir in kurzen Sätzen. Danach gehst du die Notizen nochmal mit Hilfe dieser Fragen durch und schreibst dir in Klammern dahinter den Wert, um den es dabei ging:

- Welche deiner Werte waren bedroht oder wurden übergangen?
- Welche Aktion, welche Handlung wurde verhindert?
- Was an der Situation war unerträglich?

ÜBUNG 4: Größtes Kompliment

Ein Kompliment ist eine lobende oder schmeichelnde Äußerung. Darin kann sich Anerkennung ausdrücken; du hörst, was andere besonders an dir schätzen.

- Was waren die größten Komplimente, die du jemals bekommen hast?
- Was wäre das größte Kompliment, das dir dein Geliebter/Ehepartner/Freund/Vorgesetzter/ein Fremder auf der Straße machen könnte?
- Was kannst du daran ablesen, dass du diese Komplimente als die größten erinnerst und empfindest? Was ist dir wirklich wichtig im Leben?

ÜBUNG 5: Wertegeschenke

- Welche Werte würdest du am liebsten an andere Menschen, die dir wichtig sind, weitergeben?
- Hand aufs Herz: Was würdest du am liebsten in der Welt ändern?
- Was soll auf deinem Grabstein stehen? Woran soll man sich erinnern, wenn man an dich denkt?

- Was ist dir so wichtig, dass du so ziemlich alles andere aufgeben würdest, um es voranzutreiben?
- Für wen/was wärst du bereit zu sterben?
- Welche Werte sind dir am allerwichtigsten?

ÜBUNG 6: Was gehört dazu?

Wir Menschen sind keine Inseln, sondern Halbinseln und sind verbunden mit etwas Wertvollem. Aber was ist das?

- Was gehört zu deinem Leben, damit du die Person sein kannst, die du bist?
- Wer gehört zu deinem Leben, damit du die Person sein kannst, die du bist?
- Wie willst du dein Leben führen – egal, was die anderen sagen oder tun?
- Was ist dir heilig?
- Wann bist du ganz bei dir?
- Was ist dein Roter Faden im Leben?

ÜBUNG 7: »Unsichtbare« Werte

Welche Eigenschaften gehören so zu dir und deiner Person, dass sie für dich ganz selbstverständlich sind – und du überhaupt noch nicht dran gedacht hast, sie bei der Entdeckung deiner Werte zu berücksichtigen? Es kann zum Beispiel sein, dass du sehr humorvoll bist, aber »Humor« nicht auf deine Werteliste geschrieben hast. Oder dass du ein sehr strukturierter Mensch bist, aber das bisher noch nicht als einen Wert von dir betrachtet hast. Dabei kann es sich auch um Werte handeln, die andere in dir sehen und die sie als deine ganz typischen Charaktereigenschaften hervorheben würden. Was trifft *immer* auf dich zu? Womit rechnen sie, wenn sie mit dir rechnen? Am besten erst raten, dann fragen – du wirst überrascht sein!

Zusammenfassung: Deine Werte

Lies dir am Ende deiner Übungsreihe nochmal alle Aufzeichnungen durch. Stell dir vor, du fliegst in einem Helikopter und siehst dir deine Notizen von oben an (»Begib dich auf die Metaebene!«). Welche Muster erkennst du, welche Worte oder Sätze erweisen sich als etwas widerspenstig? Was löst die stärksten Gefühle in dir aus?

Und dann schreibst du, was das Zeug hält …

APPENDIX B: ZUM WEITERLESEN

Dibbern, J. und Schmidt, N.: *Slow Family. Sieben Zutaten für ein einfaches Leben mit Kindern.* Weinheim und Basel: Beltz, 2017

Dweck, C.S.: *Selbstbild: Wie unser Denken Erfolge oder Niederlagen bewirkt.* München: Piper, 2017

Frankl, V.E.: *…trotzdem Ja zum Leben sagen: Ein Psychologe erlebt das Konzentrationslager.* München: Kösel, 2009

Frankl, V.E.: *Wer ein Warum zu leben hat: Lebenssinn und Resilienz.* Weinheim und Basel: Beltz, 2017

Graf, D. und Seide, K.: *Das gewünschteste Wunschkind aller Zeiten treibt mich in den Wahnsinn. Der entspannte Weg durch Trotzphasen.* Weinheim und Basel: Beltz, 2017

Gallwey, T.: *Tennis - Das innere Spiel: Durch entspannte Konzentration zur Bestleistung.* München: Goldmann, 2012

Hüther, G. und Weser, I.: *Das Geheimnis der ersten neun Monate. Reise ins Leben.* Weinheim und Basel: Beltz, 2015

Juul, J.: *Was Familien trägt: Werte in Erziehung und Partnerschaft. Ein Orientierungsbuch.* Weinheim und Basel: Beltz, 2016

Juul, J.: *Leitwölfe sein: Liebevolle Führung in der Familie.* Weinheim und Basel: Beltz, 2016

Juul, J. und Høeg, P. u.a.: *Miteinander. Wie Empathie Kinder stark macht.* Weinheim und Basel: Beltz, 2017

Kingsland, J.: *Die Hirnforschung auf Buddhas Spuren. Wie Meditation das Gehirn und das Leben verändert.* Weinheim und Basel: Beltz, 2017

Klein, S.: *Die Glücksformel: oder Wie die guten Gefühle entstehen.* Frankfurt: Fischer, 2014

McGonigal, K.: *Bergauf mit Rückenwind: Willenskraft effizient einsetzen.* München: Goldmann, 2012

Milzner, G.: *Digitale Hysterie. Warum Computer unsere Kinder weder dumm noch krank machen.* Weinheim und Basel: Beltz, 2016

Mischel, W.: *Der Marshmallow-Effekt: Wie Willensstärke unsere Persönlichkeit prägt.* München: Pantheon, 2016

Prehn, A. und Fredens, K.: *Play Your Brain : Adopt a Musical Mindset and Change your Life and Career.* Singapur: Marshall Cavendish International, 2011

Prehn, A. und Fredens, K.: *Coach dig selv – og få hjernen med til en forandring.* Kopenhagen: Gyldendal, 2010

Prehn, A. 2012: Amygdala-fælden. *Magasinet Arbejdsmiljø* 5/12

Prehn, A. 2012: Create Reframing Mindsets Through Framestorm. *NeuroLeadership Journal* 2012

Prehn, A. 2014: Framestorm vejen til et fleksibelt mindset. In: Gørtz, K. und Gaihede, T.: *Coaching i Nyt Perspektiv.* Kopenhagen: Hans Reitzels Forlag, 2014

Prehn, A. 2015: *Lille Stens rejse,* E-Book ISBN: 978-0-9569938-1-6

Prehn, A. 2015: *Udbryderkongen og indbrudstyven,* E-Book ISBN: 978-0-9569938-2-3

Renz-Polster, H. und Hüther, G.: *Wie Kinder heute wachsen. Natur als Entwicklungsraum. Ein neuer Blick auf das kindliche Lernen, Fühlen und Denken.* Weinheim und Basel: Beltz, 2016

Seligman, M.E.P.: *Erlernte Hilflosigkeit.* Weinheim und Basel: Beltz, 2016

APPENDIX C: DIE AUTORIN

Anette Prehn wurde 1975 in Dänemark geboren. Sie ist Soziologin, Referentin und Autorin, die ihren Mitmenschen Neues aus der Hirnforschung und Wissenswertes über die soziale Interaktion in verwertbarer Form vermittelt. Sie mag es, schwere Dinge einfach darzustellen, ist experimentierfreudige Verfechterin der kleinen Schritte, die aber Großes bewirken können, und will Synergien zwischen den verschiedensten Disziplinen erzeugen.

Seit über 10 Jahren ist Anette Prehn im Coachingbereich tätig und leitet heute das *Centre for Brain-Based Leadership and Learning* in Fredensborg, Dänemark. Von 2008 bis 2013 hat sie mit ihrer Familie im Ausland gelebt. Sie bietet Kurse für Kinder und Erwachsene an, u.a. als Online-Kurse, die über 35 000 Teilnehmer haben. Ihre Kunden sind große Unternehmen wie Lego, Roche, Danske Bank und Novozymes, aber auch Gemeinden, Krankenhäuser, Ministerien, Hochschulen, Schulen und Kindergärten in Skandinavien und den deutschsprachigen Ländern wenden sich an sie.

Im Jahr 2009 bekam Anette Prehn den Preis »Beste Ausbilderin des Jahres« in der Kategorie »Führungsarbeit und Coaching« verliehen.

Anette Prehn ist mit Jens verheiratet und Bonusmama für Cecilie (20) und Magnus (19) sowie Mama von Celina (10) und Alicia (7). Zu Anettes Lieblingsbeschäftigungen mit ihren Kindern gehört das Spiel *50 Dinge, die du mit einem Spitzkohl machen kannst*, mit den Füßen zu malen, auf Bäume zu klettern, Wandertouren durch die Natur, Bekloppten-Ballett, Spontangesänge und Spontanreime und sich gute und verrückte Gründe auszudenken, mal wieder ein großes Familienfest zu machen.

Der Wahnsinn Teil 2

Will das Kind JETZT schon ausziehen – mit 6? Zu Hause hat es eine große Klappe, aber in der Schule ist es schüchtern und still? Keine Frage: Die Jahre 5 bis 10 stellen Eltern vor vielfältige Herausforderungen.

Die Autorinnen des größten Elternblogs Deutschlands helfen, liebevoll und nervenstark zu erziehen statt Stress und Strafen den Alltag zu überlassen. Sie geben Tipps für ein gelassenes Hinführen zur Eigenverantwortung der Kinder, z. B. beim Essen, sowie zu Empathie, Respekt und Durchhaltevermögen. Persönliche Berichte und überraschende Einblicke in das kindliche Denken und Fühlen sorgen für ein entspanntes Familienleben, in dem die Bedürfnisse aller Familienmitglieder erfüllt werden.

»*Die witzig-persönlichen Erfahrungsberichte sind Balsam für die Seele gestresster Eltern.*« buchreport.express

»*Katja und Danielle haben mit ihrem neuen Buch einen wunderbaren Begleiter geschaffen für die Elternjahre jenseits der Kleinkindzeit.*« VonGutenEltern.de

Danielle Graf &
Katja Seide
Das gewünschteste Wunschkind aller Zeiten treibt mich in den Wahnsinn
Gelassen durch die Jahre 5 bis 10
Paperback, 360 Seiten
ISBN 978-3-407-86504-5

www.beltz.de BELTZ